QIYE ZHIKU FAZHAN SHIJIAN
JI PINGJIA FANGFA

企业智库
发展实践及评价方法

宋海云　冯昕欣　宋玉坤　等　编著

中国电力出版社
CHINA ELECTRIC POWER PRESS

内 容 提 要

近年来，我国智库建设一直受到党中央的高度重视。从 2015 年的《关于加强中国特色新型智库建设的意见》（中办发〔2014〕65 号）到 2023 年的《关于中央企业新型智库建设的意见》（国资厅发研究〔2023〕19 号），都对企业智库的建设提出了相关要求。本书在梳理智库相关理论研究的基础上，分析我国企业智库面临的形势及其发展现状，梳理总结国内外相关一流智库发展的实践经验及国内外著名机构的智库评价实践，研究构建中国特色新型世界一流企业智库评价体系及相关评价方法，最后提出对政府和企业的相关建议。

本书可供智库从业人员、企业员工、从事智库研究的学者和师生等参考使用。

图书在版编目（CIP）数据

企业智库发展实践及评价方法 / 宋海云等编著. — 北京：中国电力出版社，2024.12. -- ISBN 978-7-5198-9302-6

Ⅰ.F272.1

中国国家版本馆 CIP 数据核字第 2024WY5939 号

出版发行：中国电力出版社
地　　址：北京市东城区北京站西街 19 号（邮政编码 100005）
网　　址：http://www.cepp.sgcc.com.cn
责任编辑：刘汝青（010-63412382）
责任校对：黄　蓓　马　宁
装帧设计：赵姗姗
责任印制：吴　迪

印　　刷：三河市万龙印装有限公司
版　　次：2024 年 12 月第一版
印　　次：2024 年 12 月北京第一次印刷
开　　本：710 毫米×1000 毫米　16 开本
印　　张：6.5
字　　数：89 千字
印　　数：0001—1000 册
定　　价：50.00 元

版 权 专 有　侵 权 必 究

本书如有印装质量问题，我社营销中心负责退换

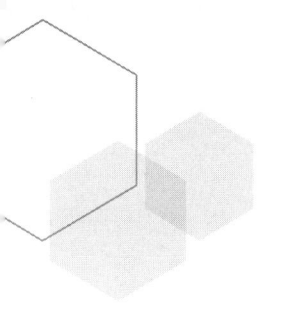

前　言

本书在对企业智库进行理论研究梳理的基础上，分析我国企业智库面临的形势及其发展现状，梳理总结国内外相关一流智库的发展经验，并借鉴国内外著名机构的智库评价实践，研究构建了中国特色新型世界一流企业智库评价体系，明确了评价思路、原则、指标体系和相关评价方法，最后提出了对政府和企业的相关建议。

本书共分为6章。第1章对相关智库理论基础、国内外相关研究现状进行梳理，并界定企业智库的内涵；第2章在分析全球智库发展的历史脉络及总体趋势的基础上，深入分析我国企业智库发展面临的形势及现状问题；第3章分别选取美国兰德公司、英国牛津能源研究所、美国未来资源研究所、日本野村综合研究所、韩国三星全球研究院、德意志银行研究所等国外相关一流智库，以及中国现代国际关系研究院、国务院发展研究中心、中国国际问题研究院、全球化智库、中石油经研院、国网能源院、阿里研究院等国内相关一流智库，介绍各自的基本概况，分析其智库建设发展的实践经验；第4章对国内外著名机构的智库评价实践进行分析；第5章在剖析中国特色新型世界一流企业智库的内涵要求和关键特征的基础上，构建了中国特色新型世界一流企业智库评价体系，明确了构建思路与原则，提出了评价指标体系及相关评价方法；第6章从对政府的建议和对企业的建议两个层面，提出了促进中国特色新型世界一流企业智库发展的相关建议。

本书概述由宋海云执笔；智库相关理论研究由宋海云执笔；我国企业智库面临的形势及其发展现状由宋玉坤执笔；国内外相关一流智库发展经验由多人执笔，其中美国兰德公司、英国牛津能源研究所部分由冯昕欣执笔，美国未来资源研究所、德意志银行研究部分由马秋阳执笔，日本野村综合研究所部分由田士君执笔，韩国三星全球研究院、中石油经研院、阿里研究院部分由吕琛执笔，中国现代国际关系研究院、国务院发展研究中心、中国国际问题研究院部分由宋海云执笔，全球化智库部分由丁泽宇、宋海云执笔；国内外著名机构的智库评价实践由冯昕欣执笔；中国特色新型世界一流企业智库的评价体系由宋海云执笔；促进中国特色新型世界一流企业智库发展的相关建议由冯昕欣、宋海云执笔。全书由宋海云统稿，马莉、薛松、吕琛、田士君、马秋阳校核。

  本书在编写过程中，得到了国网能源研究院有限公司相关领导和专家的指导和帮助，在此表示衷心感谢！

  限于作者水平，虽然对书稿进行了反复研究和推敲，但难免仍会存在疏漏与不足之处，期待读者批评指正！

编著者

2024 年 6 月

目 录

前言

概述 ··· 1

1 智库相关理论研究 ··· 4

1.1 相关的理论基础 ·· 4

1.1.1 多元协同治理理论 ··· 4

1.1.2 精英理论 ··· 5

1.1.3 政策科学理论 ·· 6

1.2 国内外相关研究现状 ··· 7

1.2.1 国外相关研究 ·· 7

1.2.2 国内相关研究 ··· 11

1.2.3 相关评述 ··· 16

1.3 企业智库的内涵 ·· 18

2 我国企业智库面临的形势及其发展现状 ················· 20

2.1 全球智库发展的历史脉络及总体趋势 ················· 20

2.1.1 全球智库发展的历史脉络 ····························· 20

2.1.2 全球智库发展的总体趋势 ····························· 21

2.2 我国企业智库发展面临的形势 ····························· 22

2.3 我国企业智库的发展现状及问题 ························· 25

2.3.1 我国智库发展总体概况 ································ 25

2.3.2　企业智库发展现状及问题 ·· 27

3　国内外相关一流智库发展经验 ·· 31
　3.1　国外相关一流智库 ··· 31
　　　3.1.1　美国兰德公司 ··· 31
　　　3.1.2　英国牛津能源研究所 ··· 33
　　　3.1.3　美国未来资源研究所 ··· 35
　　　3.1.4　日本野村综合研究所 ··· 37
　　　3.1.5　韩国三星全球研究院 ··· 39
　　　3.1.6　德意志银行研究所 ··· 41
　3.2　国内相关一流智库 ··· 42
　　　3.2.1　中国现代国际关系研究院 ··· 42
　　　3.2.2　国务院发展研究中心 ··· 44
　　　3.2.3　中国国际问题研究院 ··· 45
　　　3.2.4　全球化智库 ··· 47
　　　3.2.5　中石油经研院 ··· 49
　　　3.2.6　国网能源院 ··· 50
　　　3.2.7　阿里研究院 ··· 52

4　国内外著名机构的智库评价实践 ·· 55
　4.1　相关国外机构的智库评价 ··· 55
　　　4.1.1　美国宾夕法尼亚大学的《全球智库报告》 ····························· 55
　　　4.1.2　埃布尔森的智库影响力评估 ··· 57
　4.2　相关国内机构的智库评价 ··· 59
　　　4.2.1　上海社科院的《中国智库报告》 ····································· 59
　　　4.2.2　中国社科院的《全球智库评价研究报告》 ····························· 61

  4.2.3 南京大学的《CTTI智库报告》 ································ 65
  4.2.4 清华大学的《清华大学智库大数据报告》 ················ 66
  4.2.5 浙江大学的《全球智库影响力评价报告》 ·················· 68
 4.3 国内外机构的智库评价实践总结 ······································ 71

5 中国特色新型世界一流企业智库的评价体系 ·························· 74
 5.1 中国特色新型世界一流企业智库的内涵与特征 ················· 74
  5.1.1 内涵要求 ··· 74
  5.1.2 关键特征 ··· 76
 5.2 中国特色新型世界一流企业智库的评价体系 ···················· 77
  5.2.1 构建思路与原则 ··· 77
  5.2.2 评价指标体系 ·· 78
  5.2.3 相关评价方法 ·· 80

6 促进中国特色新型世界一流企业智库发展的相关建议 ············ 84
 6.1 对政府的建议 ·· 84
 6.2 对企业的建议 ·· 85

参考文献 ··· 87

概　　述

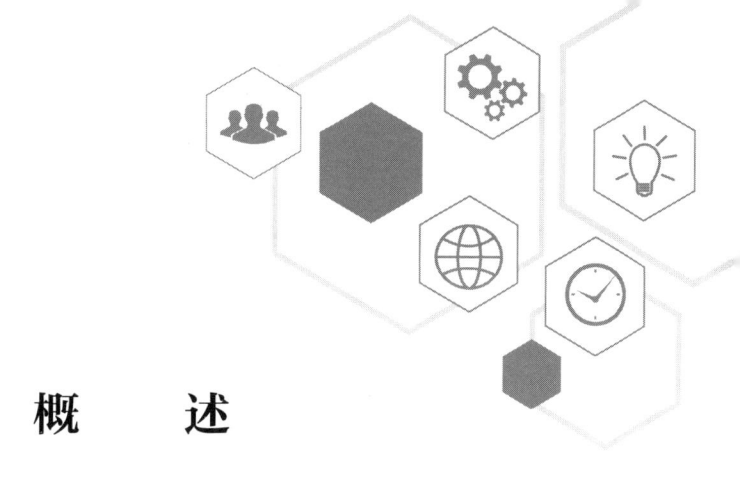

党的十九大报告明确提出："深化马克思主义理论研究和建设，加快构建中国特色哲学社会科学，加强中国特色新型智库建设"，为新时代我国智库建设指明了方向和目标。党的十八届三中全会通过的《中共中央关于全面深化改革若干重大问题的决定》明确提出，要"加强中国特色新型智库建设，建立健全决策咨询制度"。2015年1月，中共中央办公厅、国务院办公厅下发《关于加强中国特色新型智库建设的意见》（中办发〔2014〕65号），将企业智库作为中国特色新型智库建设的重要组成部分，明确支持国有及其控股企业兴办新型智库。2023年5月，国务院国资委印发《关于中央企业新型智库建设的意见》（国资厅发研究〔2023〕19号），提出到2025年，重点建设5～10家具有重要决策影响力、社会影响力、国际影响力的中央企业新型智库。

从智库的理论研究来看，多元协同治理理论、精英理论、政策科学理论等共同构成了智库研究的理论基础。综合相关文献研究来看，国外关于企业智库的文献较少，国内则缺乏对企业智库的评价研究，尤其缺乏适用于中国特色新型智库建设和世界一流企业建设要求的企业智库评价体系。因此，这成为本书努力的方向。我国的企业智库尚处于初级发展阶段，如何在认清发展形势和现状问题的基础上，借鉴国内外相关一流智库建设发展经验和权威机构的智库评价实践经验，构建适用于中国特色新型世界一流企业智库的评价体系，对于牵引推动我国企业智库发展、提升决策支撑价值、迈向世界一流意义重大。

从全球智库发展的总体趋势来看，全球智库呈现蓬勃发展态势，智库决策支撑的能力不断提升，智库参与决策、构建影响力的方式发生深刻变化，全球智库数量快速增长、研究范围逐步扩大，同时随着市场竞争的加剧，企业智库的作用愈发重要。从外部形势对我国企业智库高质量发展的要求来看，复杂多变的国际形势要求企业智库不断强化对国际重大议题的研判分析能力，我国经济转型发展要求企业智库持续强化宏观形势分析和政策研究，国家创新战略要求企业智库持续加强创新研究和创新体系建设，企业自身的高质量发展迫切需要智库提供更加专业实用的决策建议，同时智库领域竞争日趋激烈，也要求企业智库进一步强化专业能力和特色优势。随着我国智库建设一系列政策出台和中国特色新型智库建设步伐的加快，我国智库规模不断增长，企业智库得到了较快发展，但也存在企业智库价值发挥受到"出身"制约、企业智库支撑服务母公司方式有待持续优化、企业智库管理模式有待优化、企业智库评价指标体系缺乏等问题。

从国内外智库实践来看，大部分一流智库在人才、专业、数据与工具支持等方面，积累了丰富的基础建设经验，以及相关的智库运营发展经验。在人才方面，国内外智库均十分重视智库人才队伍建设，人才"选育用留"独树一帜，注重研究人员配置的复合性，积极发挥智库专家人才的引领作用，人才优势突出。在专业研究方面，国内外智库均非常重视研究体系的专业性和严谨性，研究方向明确、特色突出，注重研究的前瞻性和延伸性。在数据与工具方面，相关一流智库均注重数据积累，积极开发相关模型工具，为提高研究质量和效率提供了有效的技术支持。在智库运营发展方面，均注重内外部研究资源整合，加强联合研究，注重培育开放包容的研究氛围，积极推动成果转化和传播机制建设，不断提升智库影响力。

从智库评价实践来看，国外有代表性的有美国宾夕法尼亚大学的《全球智库报告》、埃布尔森的智库影响力评估等，国内有代表性的有上海社科院的《中国智库报告》、中国社科院的《全球智库评价研究报告》、南京大学的《CTTI智库报告》、清华大学的《清华大学智库大数据报告》、浙江大学的《全球智库影响力评价报告》等。但目前以上智库评价机构尚未专门针对企业智库设计独立的评价指标体系。

为了构建适用于中国特色新型世界一流企业智库的评价体系，有必要从中国特色新型智库建设和世界一流企业建设两方面，深刻把握中国特色新型世界一流企业智库建设的内涵要求和关键特征。从中国特色新型企业智库的建设要求来看，企业智库必须是由企业创办的，主要围绕国有企业改革、产业结构调整、产业政策制定、产业技术方向、重大工程项目等战略性问题开展研究，产学研用紧密结合的现代智库。从支撑世界一流企业建设的要求来看，企业智库要把握功能定位，面向行业重大问题，发挥智库的决策支撑作用；要紧贴企业实际，针对重点难点问题，加强调查研究，支撑企业战略有效落地；要加强对外合作交流，以智库影响力推动世界一流企业建设。中国特色新型世界一流企业智库，在坚持党的领导和坚持中国特色社会主义方向之外，主要有治理水平一流、创新成果一流、决策支撑水平一流、专家人才一流、品牌影响力一流等五个关键特征。

在深刻把握中国特色新型世界一流企业智库内涵与特征要求的基础上，借鉴国内外有关高端智库评价体系，主要基于重要性、权威性、适用性的原则，重点从智库的内部治理、成果产出、决策支撑、品牌影响力等四个维度，构建形成包含 4 个一级指标、9 个二级指标、20 个三级指标的中国特色新型世界一流企业智库评价指标体系。相关评价方法主要涉及对标对象选择、数据分析方法、对标标准确定等方面。在对标对象选择方面，可以根据先进性原则和可比性原则，选择相关国内外智库作为对标对象；在数据分析和评分方面，可以采取功效系数法、差值法和因子分析法等相关方法；在对标标准确定方面，对于单项对标指标和整体是否进入世界一流水平，可以给出不同的评价标准。

1 智库相关理论研究

1.1 相关的理论基础

1.1.1 多元协同治理理论

多元主义理论诞生于20世纪上半叶，随着战后工业化的完成和科技革命的展开，美国众多利益集团迅速蓬勃发展，加快了以美国著名学者罗伯特·达尔为代表的多元主义理论学派的形成。罗伯特·达尔认为，现代社会是多元社会，权力广泛分布于政党、利益集团、公民等众多群体之间，没有单一的占绝对地位的团体，不同利益群体的讨价还价是多元社会的重要特征，各利益集团在决策过程中的互动与博弈不可避免。多元主义的核心特征是决策权的分散和决策过程的多元化竞争与妥协[1]。对于企业而言，企业的发展不只关乎自身，还有政府、投资者、消费者、供应商、员工、同业竞争者、社会大众等利益相关者。

面对多元利益主体，往往需要协同治理。协同理论是由德国物理学家赫尔曼·哈肯于20世纪70年代创立，并在多学科基础上逐渐发展起来的。哈肯在1971年提出了"协同"概念，在1976年系统论述了该理论。协同理论关注的是不同事物的共同特征及其协同机理，重点讨论的是各系统由无序转变为有序时的相似性[2]，认为系统能否发挥较好的协同效应是由系统内各组成部分共同作用决定的，协同得好，系统的整体功能就好，反之，则处于一种混乱无序的状态。近年来，协同理论也被一些学者引入社会科学研究中，将其与治理理论结合，形成协同治理理论。对于企业而言，面对日益复杂多变的国际国内形势，其生存和发展，除了要协同好内部子系统之间的关系外，还需要协同与政府、投资者、上下游企业、消费者、社会大众等多元利益相关者的关系，以此来弥补自身不足，营造良好的发展环境，不断提高自身竞争优势。因此，协同治理是现代企业管理的必然要求。

然而，随着社会发展以及各利益主体诉求的多元化，传统公共利益的表达渠道和方式已难以很好地反映社会各阶层的利益诉求。在这种情形下，智库作为相对独立的政策研究机构，往往超脱于个别利益群体的单方立场，通过中立的研究，被认为可以弱化原有的强制性利益表达[3]，能够在更广泛意义上兼顾各个群体的利益诉求。同时，智库作为连接各方利益主体的中间平台，可以降低各方的信息不对称程度，有助于在政策制定过程中建立有效的协同治理机制，为政策制定或公共决策提供科学化的咨询意见。

对于企业而言，企业智库通过连接企业自身需求和国家政策要求与社会大众期待，有助于企业实现多元协同治理，从而推动企业的可持续发展。

1.1.2 精英理论

一般认为，系统而有影响的精英主义（Elitism）兴起于19世纪末20世纪初，在20世纪50年代引起广泛关注[4]。精英主义自产生以来，主要经历了两个发展阶段。19世纪末到第二次世界大战前为早期阶段，其代表人物主要有盖塔诺·莫斯卡、维尔弗雷多·帕累托、罗伯特·米歇尔斯。第二次世界大战后至今进入了当代精英主义阶段，其代表人物主要有 C·怀特·米尔斯、熊彼特等。精英主义的基本观点是，在一个国家的政治、经济、科技、教育等各领域，都有一些在才能、胆识、财富、文化素养等方面超越大多数人的优秀人士，这些有优势的少数人往往掌握相关话语权和决策权，对社会发展具有极其重要的影响和作用，是社会的精英。

美国著名公共政策学专家托马斯·戴伊认为，智库中的研究者也是社会精英的一部分，同时又因为智库汇集了政府、企业、大学、媒体等其他社会精英，能够在政府政策制定过程中起到协调作用，并通过智库成果输出对公共政策产生深远影响，这是智库发挥影响力的重要因素[3]。从精英理论角度来看，随着国家发展面临的问题日益复杂繁多，政府的决策往往需要各行各业的精英提供咨询服务，以此提升政府的治理能力[5]。基于此，公共政策的制定需要由汇集各领域专业精英的智库发挥政策咨询服务的平台作用。

但从国情出发，群众路线是我们党的根本工作路线，坚持群众路线就要在精英主义和大众主义两者之间做好平衡。正如曾任国资委商业科技质量中心研究员的罗天昊在接受人民论坛记者采访时所言：智库人士应抛弃"精英主义"，不能高高在上，必须要学会接地气，从中国最低层了解起[6]，踏实理解社会和民众。所以，中国特色新型智库可在专业领域强调"精英"，但在实践中更应强调经世致用[6]。

1.1.3　政策科学理论

政策科学（Policy Science）在第二次世界大战后发端于以美国为代表的主要发达国家的公共政策研究，具有跨学科、综合性和实践性强的特点。早在20世纪40年代，美国政治学家哈罗德·拉斯韦尔就提出了"政策科学"的概念。1951年，拉斯韦尔和勒纳合作出版《政策科学：范围和方法的新近发展》一书，提出了建构"政策科学"学科的设想，首次界定了政策科学的对象、内容、性质和发展方向，奠定了政策科学的基础。拉斯韦尔在该书中指出，为了提高决策的理性程度，政策科学有两项任务：一是政策过程，要用社会科学方法发展相关政策形成和执行的科学；二是政策的智力需求，为政策制定者提供有用信息。与之相呼应，拉斯韦尔在《正在出现的政策科学概念》的文章中提出，"政策过程的知识"和"政策过程中的知识"是政策科学面临的两大任务。前者关注政策过程本身的科学性，考虑能否科学地建构政策过程；后者关注政策本身的内容，即能否用科学合理地解决问题[7]。

此后，按照拉斯韦尔的这两种路径逐渐形成了公共政策研究的不同方向。一些学者关注的是政策过程的知识，研究政策的产生过程，发现其内在规律，为从程序上改进政策提供研究参考。政策的制定过程受多种因素制约，不同外部情况及历史事件情境下政策参与者之间的互动关系也不同[8]，各利益主体都希望自身的政策主张得以实现，导致政策制定要经历一个多方反复博弈的渐进过程[5]。一些学者关注政策过程中的知识，通过建立相应的理论、工具方法，开展深入的政策分析，为政府提供决策参考。其中，政策分析（Policy Analysis）的概念首先由美国政治经济学家查尔斯·林德布洛姆提出。他认为，政策分析在政策制定过程中具有普遍性，是个人、团体、研究机构对现行或计划实行的政策相关问题进行调研、分析的过程；政策分析重视比较研究，通过对不同地区或国家采取的政策结果分析，寻找其中的规律，旨在协助政策制定者明确或进一步优化政策目标，提升政策的科学性，更好地服务经济社会发展。

而智库作为专业研究团队，以公共政策为主要研究对象，通过输出研究成果或专业建议，并且作为链接多方利益主体的桥梁，对政策制定与实施等政策过程产生影响。同时，智库通过研究政府关切的重大问题，协助政策制定者确定政策的目标、方案，并跟踪分析政策实施中存在的问题，提出改进建议，在政策分析中发挥重要作用。因此，无论从政策过程还是政策分析来看，智库的存在和发挥的作用都在客观上促进了政策科学性的提升。

1.2 国内外相关研究现状

1.2.1 国外相关研究

1. 智库内涵研究

对于智库（Think Tank）的定义，鉴于西方国家智库的实际运作情况，西方学者普遍认为智库是具有独立性和非营利性的公共政策研究机构。例如，美国宾夕法尼亚大学著名智库专家詹姆斯·麦甘指出，智库是具有相对独立性的研究机构，可以为政府、企业或利益集团提供决策参考，但并不受制于这些服务对象。英国著名智库学者丹尼·斯通（2007）、美国学者安德鲁·里奇（2004）等也都认为，智库不仅独立于政府、企业和利益集团，而且还是致力于公共政策研究的、不以利益为趋向的非营利性组织[9]。

对于智库的功能作用，安德鲁·里奇（2004）认为，智库通过生产专业知识及观点，来影响政策制定过程[10]。美国学者保罗·迪克逊在1971年出版的《智库》一书中指出，智库的研究人员通过对公共政策问题进行研究，不仅能为政府、企业和大众相关的政策问题提出咨询建议，还能对政策的制定过程施加影响[11]。詹姆斯·麦甘认为，智库是知识与政策之间沟通的桥梁[12]，有利于协调政府、企业、研究机构、大众等多元利益需求，促进制定更有利于社会的公共政策。不仅如此，参与政策评估也是智库的重要职能[13]。可以说，智库是国家治理和市民社会不可或缺的重要参与者[14]，对国家现代化进程产生积极作用。

对于智库的类型，韦弗·R·肯特在《政治学与政治》期刊上发表的论文将思想库分为以研究为主的学术型思想库、以签订合约接受委托的合同委托型思想库，以及以影响政府决策为主要目标的政策鼓吹型思想库三类[15]。美国知名智库研究专家詹姆斯·麦甘在发布的《2010年全球智库报告》中，根据研究人员类型和智库社会功能不同，将智库分为政府代言型、政策制定型、学者型、影子型和社会活动家型这五类智库。

2. 智库比较研究

20世纪末尤其进入21世纪以来，对不同国家各类智库的国际比较研究成为一个热点。国外学者通过对不同国家智库进行比较研究，试图发现各国智库发展状况以及不同背景下各类智库的特点和功能作用等差异。

1998年，由丹尼·斯通等人通过整理美国政治研究协会多年的年会论文出版的《跨国智库:一个比较的路径》,介绍了西方国家主要智库的相关情况,分析了不同国家智库的特点。2000 年,詹姆斯·麦甘等在智库会议论文集《智库与公民社会:思想和行动的催化剂》中,比较分析了智库和类似的组织;此类的著作,还有詹姆斯·麦甘与埃里克·约翰逊出版的《比较智库:政治与公共政策》。

加拿大智库专家唐纳德·E.埃布尔森也发表了一系列智库著作和文章,在 2020 年出版的《智库能发挥作用吗?公共政策研究机构影响力之评估(第 3 版)》一书中,比较分析了美国和加拿大的智库对公共政策与外交政策的影响,探讨了智库在不同背景下对决策制定和形成的作用[16]。

西方学者普遍认为,不同国家由于政治、经济、文化和历史传统不同,智库发展各具特色,存在差异,尤其在政治地位和影响力上差异较大。因此,类似的关于某些国家或地区智库的研究,都在分析相应政治体制和社会发展状态的基础上,描述智库在该国的政治、社会地位等,进而分析在此背景下该国智库的发展状况和影响力等。

此外,陆续出现了一些对各国智库进行排名分析的报告。例如,日本综合研究开发机构(NIRA)自从 1974 年成立起,每年都对日本智库进行跟踪调查并发布《日本智库年报》[17],每三年发布一次《NIRA World Directory of Think Tanks》,较为全面地介绍全球知名智库。著名智库研究专家詹姆斯·麦甘曾领衔美国宾夕法尼亚大学智库与公民社会项目,从 2007 年开始每年发布《全球智库报告》,对全球智库发展情况进行分析研究,并根据相应的指标体系给出了智库排名,成为全球智库排名比较的风向标。

3. 智库影响力研究

根据加拿大智库专家唐纳德·E.埃布尔森的观点,智库主要围绕推广专业知识产品来最大限度地实现影响力。因此,智库影响力至关重要,在国际上这也一直是智库研究的热点方向。

一些学者研究了智库的国别影响力机制差异。如英国学者丹尼·斯通在

1996年出版的《俘获政治意象：智库与政策过程》[18]一书中，对智库在政策过程中的影响力进行了理论探讨，指出知识交流对政策研究机构的重要性，并采用案例分析法，比较分析了英国和美国智库影响力发挥的机制和途径差异。唐纳德·E.埃布尔森对比分析了加拿大和美国智库影响政策制定的机遇、制约因素和有利条件，并首次利用回归分析法，研究智库政策影响力和知名度（被媒体、期刊等引用的频次）的相关性，认为知名度虽然是智库生存和接受捐赠的关键，但不能代表智库政策建议的转化能力，不是智库拥有政策影响力的充分条件[19]。

近十多年来，国外关于智库影响力的研究更多地关注社会改革、环境保护、经济学等公共政策细分领域。例如，美国学者安德鲁·里奇在其著作中，介绍了美国300多家智库在资金、意识形态、影响力和业务领域等方面的信息，并利用定量的回归分析方法，对美国智库在医疗改革、电信改革和减税等方面的政策影响力进行实证研究，发现媒体报道多的智库与决策者认为有影响力的智库之间似乎存在某种关联[10]。如在环境领域，国际气候治理中心（ICCG）于2012年开始，针对不同智库的性质差异，采用不同的评价指标及评价方法，对全球200多家从事气候研究的智库进行影响力评价[20]。

从智库影响力的形成要素来看，往往受到多种因素的交织影响。克拉克等人（2013）认为，智库的专业产出是影响智库影响力的直接因素[21]。詹姆斯·麦甘在著作《美国智库与政策建议》中详细介绍了美国智库及其信息传播渠道，将智库的影响力分为资源指标（如智库的运营资金）、学者水平、市场需求指标和影响指标（如政策制定者对智库产品的评价）[22]。这对今后关于智库影响力的研究有着重要意义。

从智库影响力评价方法来看，埃布尔森利用回归分析等方法，在量化评价智库影响力方面作出了重要贡献，其他相关的研究方法也不断涌现。麦克·纳特·K等人（2009）使用超链接分析研究了智库参与不同政策领域的情况，并利用网络爬虫收集数据，然后基于超链接数量的排名来实现计量评价[23]。

1.2.2 国内相关研究

1. 智库内涵研究

独立性是西方智库标榜的主要特征,也是我国智库界定的争论点和受西方学者的批判之处。我国智库研究方向的著名学者薛澜、朱旭峰(2006)[24]指出,由于法律不健全,捐助的法律激励不强,对中国思想库的非营利性进行严格规定是不必要的;思想库的独立性可以分为独立运作和观点中立,又分为实质独立和形式独立❶,认为在行政上不属于政府机关的、主要从事政策研究咨询的机构且独立运作的组织就可以认为是思想库。结合我国智库发展现实,朱旭峰和韩万渠(2014)提出智库发展的"自主性"概念,强调智库开展政策研究的自主决定权和基于研究规律的自主性,但认为"自主性"不意味着随意性,智库政策研究要遵循政策问题属性和政策科学的一般规律[25]。

在智库的分类方面,朱旭峰和韩万渠(2014)认为,我国智库多元化发展,多元类型的智库形成互补优势,是我国智库发展的基本特征。这是因为,我国有中央及地方的党校等政党型智库,也有兼具政策研究、咨询和教学科研功能的中国社科院系统和高校下设的学术型智库,还有诸如国务院发展研究中心等隶属于国务院及部委的事业单位型智库[25]。学者薛澜和朱旭峰(2006)将中国思想库分为事业单位法人型思想库、企业型思想库、民办非企业单位法人型思想库❷、大学下属型思想库,认为事业单位由于经费和人事并未与政府完全分离,是半官方思想库,其他三类是民间或非官方思想库;而党政机构内的政策研究机构不属于思想库,只属于"机关"[24]。

---

❶ 实质独立是指有些挂靠政府的政策研究所,虽然看似在"政府内",但其研究来源及观点都表现出独立于政府的特征;形式独立是指有些研究机构表面上是独立组织,但摆脱不了政府或一些机构的影响,具有事实上的非独立性。

❷ 根据1998年10月25日起施行的《民办非企业单位登记管理暂行条例》,民办非企业单位是指企业事业单位、社会团体和其他社会力量以及公民个人利用非国有资产举办的,从事非营利性社会服务活动的社会组织。

在智库的功能作用方面,薛澜(2014)认为,智库在推动公共政策科学化过程中有三个主要职能:政府理性决策的外脑、多元利益和价值观念的政策参与渠道、理性政策辨析的公共平台,但这三种定位对智库运行模式和治理结构提出了很高的要求,若智库运行受强势利益集团的影响,就难以客观中立地分析有争议的公共政策问题[26]。柏必成(2019)提出智库的两大核心功能是咨政与启民,咨政是指服务于政府科学决策,包括方案设计和议题倡导两种具体功能;启民是指服务于公众的政策参与,可分解为知识供给和舆论引导两种具体功能[27]。

2. 智库比较研究

随着改革开放进程的不断推进,国内学者对智库的研究从引入国外智库理念向智库的比较研究演进。中国现代国际关系研究所的吴天佑和傅曦于1982年出版的《美国重要思想库》,被认为是国内第一部关于美国智库的研究专著,该书对美国主要智库进行了详细的分类介绍,将100多个美国智库分为民间独立研究机构、大学研究机构、营业性和半营业性研究机构、政策筹划咨询和协调机构、以基金会为名的研究机构、民间调研机构、学术性研究机构等七类,这成为我国对美国智库研究渐趋深入的一个重要标志[28]。

朱锋和王丹若在1990年出版的《领导者的外脑:当代西方思想库》一书中,介绍了西方思想库的产生背景、分类、职能等,详述了美国的兰德公司、布鲁金斯学会等十大思想库,以及西欧、日本的著名思想库[29]。由范贤睿等组成的北京太平洋国际战略研究所课题组于2000年出版的《领袖的外脑:世界著名思想库》一书中,对世界主要国家一般意义上的"领袖的外脑"的组织架构、运作机制、人员安排、研究情况及其影响政府决策与公共政策的机理等进行了综合性介绍[30]。2010年,李建军和崔树义在其出版的《世界各国智库研究》一书中,通过对中外智库系统深入的研究,为我国的智库建设以及各级社会科学院的转型提供了一定参考[31]。

朱旭峰和韩万渠（2014）从全球智库国际比较的多元性、竞争性和自主性三个维度进行分析，认为竞争性不足和自主性欠缺是我国智库发展的短板，建议优化我国多元化智库间的合理互补格局，创设有序竞争的政策分析市场，培育智库政策研究的自主性，为我国智库发挥其应有的社会功能创造良好条件[25]。闫志凯和王延飞（2015）通过比较美、欧、日等智库，认为充足的资金是智库发展的保障，独立的研究立场是智库的灵魂，开放的思想市场是智库活力的体现[32]。王振霞（2015）通过比较德国智库和美国智库，认为与官方的关系和资助来源并不是判断智库独立性的唯一标准[33]。由中国国际经济交流中心的张大卫、元利兴等于2017年出版的智库丛书《国际著名智库机制比较研究》，通过对美国、欧洲、亚洲的智库运行机制进行比较研究，并对中国特色新型智库建设发展的相关问题进行探讨，为我国智库建设提出了相应的对策建议[34]。

聂峰英和孙明杰等（2020）采用网络调研和案例分析法，以全球排名前5位的顶尖科技智库为样本，比较了美、德、英、日等国家的科技智库概况，并归纳分析其顶尖科技智库的特点和运营模式[35]。孟芷薇和陈媛媛（2021）对20家中美高端智库网站进行比较研究，通过对智库网站的相关链接指标和有关智库案例进行对比，分析两国智库网络传播的异同，针对其中发现的不足，为我国智库网站建设提出了相关建议[36]。

3. 智库影响力研究

近十多年来，对我国智库影响力的研究进入了一个火热时期。在智库影响力的内涵方面，国内主要的智库研究人员和学者也有相应的观点。朱旭峰和苏钰（2004）认为智库的影响力在于，"思想库通过可观测的行为、直接或间接的途径，使政策决策者最终形成思想库希望的政策决策"[37]。王莉丽（2010）认为，美国思想库影响力的实质是舆论影响力，即"思想库凭借其舆论聚散核心的地位、独立性、创新性和全方位的舆论传播机制，对政策制定者、精英群体和公众舆论所产生的，不具有强制性的支配或改变其思想或行为的舆论力量，是实现其影响公共政策最终目标的工具",其公开影响力可通过量化指标来评估,而难以用指标来评估的隐性影响力可通过民意测验等方式来把握[38]。胡鞍钢(2013)认为要从学术影响力、决策影响力、社会影响力和国际影响力等四个方面来打造国内外有重要影响力的高端智库[39]。柏必成(2019)认为,智库通过作用于公共政策来变革现状和推动实践,最重要的就是影响政府和公众,政府和公众所处的关键地位决定了对政府的政策影响力和对公众的影响力,是智库最为重要的影响力[27]。

在智库影响力的作用机理方面,朱旭峰和苏钰(2004)构建了基于社会结构理论的思想库影响力分析框架,探讨了西方思想库影响公共政策机理的层次结构,将影响力分为决策影响力、精英影响力和大众影响力,认为不应只通过媒体引用率来评价思想库影响力大小,而应从多种层次综合分析思想库影响力[37]。朱旭峰(2009)从公共政策基本理论出发,结合社会资本、知识运用、社会结构等理论,构建了一个解释我国思想库影响力的理论模型,并对理论模型进行了实证检验和案例分析,认为社会资本与知识资本是我国思想库发展的两大推动因素[40]。曾作为美国布鲁金斯学会访问研究员的王莉丽(2010)在其出版的《旋转门:美国思想库研究》[41]中,结合对许多美国思想库高层进行调查访问取得的大量第一手资料,系统分析了美国思想库影响力形成的机制、传播策略,提出了影响力评估的理论和测量指标,并对公共政策舆论场进行阐释并构建分析框架,进而对我国思想库如何打造国际影响力进行了探讨。孙志茹和张志强(2011)构建了一个基于信息流的思想库政策影响力分析框架,分析了思想库、学术界、决策者和环境之间的信息流程及其相互作用,并将思想库影响力分为直接性影响力和渗透性影响力两类[42],对决策者的直接作用是直接性影响力,对决策者的间接作用是渗透性影响力,这种作用要以对学术界、公众等其他政策主体的影响作为中介。

在智库影响力的测度与评价方面,孙志茹和张志强(2010)对国内外多种思想库影响力测度方法进行综合评述,并从局部性和整体性两方面总结分析了每种方法的优缺点[43]。陈升和孟漫(2015)将智库影响力划分为政策影响力、学术影响力和社会影响力三个维度,基于网络数据,利用因子分析法,对39家国内智库的影响力进行测算,并实证分析了智库规模、性质、产出等因素对其影响力的作用机制,表明智库规模对智库影响力有显著影响,且智库产出对智库规模与影响力的中介效应显著[44]。另外,中国社科院、上海社科院、南京大学、清华大学等国内相关机构也发布了智库评价报告,如上海社科院智库研究中心于2013年在国内首创并构建包括决策影响力、学术影响力、社会影响力、国际影响力及智库成长能力的中国智库评价指标体系,并于2014年起,连年发布相关中国智库影响力排名报告[45]。清华大学智库研究中心自2017年起每年发布智库大数据报告,如2020年发布的《清华大学智库大数据报告(2019)》运用大数据方法和社交大数据资源对智库活动进行综合性分析[46]。

4. 企业智库研究

在对国外企业智库的研究方面,徐之先和徐淡(1982)介绍了野村综合研究所、三菱综合研究所、三井情报开发股份公司和日兴研究中心等4家日本的企业智库[47]。黄誌(2016)介绍了相关国家的财团或企业创建的产业型智库,包括日本的野村综合研究所和三菱综合研究所、韩国的三星全球研究院、LG经济研究院,以及德国的系统工程与技术革新研究所[48]。王佩亨和李国强等(2014)研究了6个发达国家和3个金砖国家智库建设的经验做法,重点介绍了日本富士通综合研究所、韩国LG经济研究院等多家企业智库[49]。

在我国企业智库的内涵及战略定位研究方面,朱旭峰(2009)将"企业型思想库"作为中国智库4种类型之一进行探讨,认为企业型智库是"专门从事政策研究和咨询工作的企业法人",是营利的咨询机构[40]。柯银斌和马岩(2017)研究了企业智库的战略定位,认为判断某个研究咨询机构是否属于企业智库,主要要考虑是否由企业创办、是否具有智库功能、是否具有营利性等 3 个维度；认为企业智库的战略定位主要涉及目标服务对象是谁、主要功能是什么、研究领域是什么、价值主张是什么等 4 个问题[50]。李刚和王传奇（2018）运用案例分析法，对日、英、美、中等国的企业智库发展现状、运行方式及主要特点进行分析，给出了企业智库的范畴和定义，然后归纳出我国企业智库具有情报与信息职能、发展战略与竞争战略研究、产业政策与法规研究等三大职能[51]。郭莉和王乐等（2020）通过文献分析法和案例研究法，分析企业智库的公共性、外部性和透明性特征，认为企业智库要通过提高智库意识，建立现代企业智库治理模式，强化智库使命定位等方式进行视角转变[52]。郑海峰和柴莹（2017）研究了企业智库在中国特色新型智库体系中的定位及发展，针对我国企业智库发展面临的影响力不足、发展道路不清晰等问题，提出进一步加强我国企业智库建设，扩大智库影响力的多种方式[53]。

在我国企业智库的发展现状及实践研究方面，丁炫凯和徐致远（2016）分析了百度、阿里巴巴与腾讯等互联网企业智库发展现状，分析了该类智库在资金、技术、体制和传播等方面的优势及问题，并对其发展提出了建议[54]。徐东（2016）总结了大型国有企业智库的实践经验，认为其成功经验在于信息收集与处理能力强大、对外合作交流较好、资金来源稳定、注重发挥媒体传播作用等[55]。柯银斌和马岩（2017）认为中国企业智库的研究落后于其实践，落后于其他智库的研究，并提出涉及战略定位、价值活动等企业智库的研究议程[50]。牛溪和李君臣（2018）采用案例分析法，对国有企业智库、互联网企业智库、金融企业智库以及房地产企业智库等我国典型行业的企业智库进行分析，总结了当前我国企业智库发展特点，并对未来我国企业智库发展趋势进行了判断[56]。

1.2.3 相关评述

综合以上的文献研究，总体来看，国内外关于智库的研究水平和侧重点不同。相对而言，国外学者对于智库的研究历史较为悠久，在智库的内涵、比较研究以及影响力研究等方面较为深入。而国内的相关研究起步较晚，更多的是聚焦于国外智库的发展经验，通过比较研究和案例分析，提出对我国智库的启示建议。同时，鉴于我国智库的运行环境与国外智库差异较大，不少学者对智库内涵作出了适应我国国情的分析说明。近十多年来，国内学者也开始注重研究智库的影响力，并探索利用相应的模型方法来进行研究。与此同时，国内也涌现出一些比较著名的智库评价机构，比如中国社科院、上海社科院、南京大学、清华大学等，均各自发布了相关的智库评价报告或榜单。

从研究内容来看，国内外相关的智库文献大多集中在智库内涵、比较研究和影响力等方面。对于企业智库的研究，相关的国外文献较少，国内的研究大多集中在企业智库的内涵，以及在我国智库体系中的定位、发展现状等层面，对企业智库的评价研究不足。主要表现在：一是有关企业智库研究和评价的资料有限。与其他类型智库相比，有关企业智库的研究数量总体偏少，鲜有专门著作。大多数研究成果更多的是定性分析，系统性的案例研究较少，且缺乏相关的评价研究。企业智库之所以受到研究者们的关注但研究不足，在相关的研究与评价工作中尚没有得到很多体现，可能与企业智库的规模在我国智库体系中占比相对较小、影响力总体不高等有一定关系。二是对如何建设世界一流企业智库的关注不足。在中国特色新型智库体系中，企业智库是必不可少的一个重要组成部分。同时，党中央多次提出要深化国有企业改革，推动国有资本和国有企业做强做优做大，加快建设世界一流企业。世界一流企业建设需要世界一流的企业智库支撑。但目前关于中国特色新型世界一流企业智库的研究较为缺乏。因此，把握中国特色新型智库建设和世界一流企业建设的双重要求，在借鉴国内外智库相关经验的基础上，有必要研究提出世界一流企业智库的评价指标体系和评价方法，弥补企业智库相关研究空白。

1.3 企业智库的内涵

由于各个国家国情不同，其智库的运作模式各有差异，对智库的概念理解也不尽相同。在美国，社会智库是智库的主体，大部分都符合美国相关法律中对非营利性机构的规定。所以，美国学者一般认为非营利性是智库的一个基本属性。同时，很多美国的智库运作在资金来源上非常多元化，有利于保证其研究的独立性和中立性。所以，独立性也是美国智库标榜自身的一个重要特征。因此，从国外相关研究来看，西方学者普遍强调智库的非营利性和独立性，基本认为智库是以公共政策为研究对象，以影响政府决策和改进政策制定为目标，独立于政府和相关利益团体之外的第三方非营利性研究机构。

在我国，由于国情和体制不同，真正发挥重大影响力的智库都是与党政军联系非常紧密的官方智库。可见，独立性并不是智库属性的本质特征。相反，"自主性"，即体现为智库研究的自主权和基于研究规律的自主性[25]，由于超越了对组织关系和经费来源独立性的限制，真正反映了智库研究的一种本质要求。

另一个方面，对于是否具有营利性，似乎也不是判断一个研究咨询机构是否为智库的标准。从世界范围来看，除了非营利性的智库，也有很多营利性的智库，比如日本的野村综合研究所、德国的德意志银行研究所等入选美国宾夕法尼亚大学《2020年全球智库报告》最佳利润智库榜单的智库。从我国来看，《关于加强中国新型智库建设的意见》将企业智库作为构建中国特色新型智库发展新格局的一部分，但并未具体规定企业智库的运行方式。很多企业智库在实践中不是非营利组织，反而是营利性的组织。由此可见，非营利性也不是对企业智库的本质要求。

那么，何为企业智库？我们认为，企业智库就是企业创办的，能够发挥咨政建言、舆论引导、社会服务和国际合作等重要功能的研究咨询机构[57]。若不具备这样的功能，则不是企业智库，比如某些证券公司的研究部门，仅仅为其公司和客户服务，充其量只是企业的研究部门。因此，企业智库之所以是智库，不仅仅是企业的研究或智囊机构,其根本原因在于:它还具有公共性和外部性。即企业智库除了对其依托的企业提供研究参考和决策支撑之外,还通过对相关重大战略问题和公共政策问题进行研究,输出智库成果和观点,从而对行业发展、社会公众福祉增进及政府政策制定等发挥智库应有的价值和作用。

这里需要注意的是,企业智库和朱旭峰(2009)的"企业型思想库"(即"专门从事政策研究和咨询工作的企业法人")[40]并非完全等同。一种情况是,如果智库是独立法人且是企业创办的,那么该智库就是企业/企业型智库,如中石油经研院、国网能源院等。另一种情况是,如果智库是独立法人,但创办者不是企业,那么该智库就不是企业智库,而是企业型智库,如全球化智库等。第三种情况是,如果智库以企业内设机构、非企业法人形式运行,则该智库是企业智库,但不是企业型智库,如阿里研究院等。

2 我国企业智库面临的形势及其发展现状

2.1 全球智库发展的历史脉络及总体趋势

2.1.1 全球智库发展的历史脉络

"智库"的起源可以追溯到古时候的"谋士""食客""门客""幕僚""军师"等,主要存在于政府部门、权力机构等"官方"组织中,专门为当权者出谋划策。但当时的"智库"主要以个体为主,是智谋之士展现个人才华的舞台。这些"智库"发挥作用的主要方式就是依靠相关人的智力、谋略,决策支持的效果也取决于个人经验、才能和品德,没有科学的实验和先进的技术支持,"智库"发挥作用的领域也主要集中于政治、军事等方面。

现代意义上"智库"的出现可以追溯到16世纪至17世纪文艺复兴后期,随着科学技术的进步,"大学""学院"数量的持续增加,越来越多的人专门从事"知识""学术"工作,通过科学的方法和更为先进的技术手段,以及更多的人与人之间的专业合作开展自然和社会现象方面的研究,提出新理论新方法新观点,并将这些成果向政府部门传递,提供决策参考,影响有关政策的制定和经济社会的发展。智库逐步开始从服务"官方",开始渗透到社会层面。

19世纪至20世纪初期,智库的影响力得到了有效拓展,出现了一些更加知名的智库机构,比如,成立于1831年的国防与安全研究所(伦敦)、1884年的费边社（英国社会改良主义团体）、1910年的卡内基国际和平基金会（美国）、1916年的布鲁金斯学会（美国）。第二次世界大战期间，因为战争需要，军队普遍成立了作战指挥室，专门负责制定作战计划，这就是早期的军事智库单位。智库作为团体的作用，进一步得到了各方面的承认。

20世纪80年代，随着全球化的迅速扩张和冷战的结束，以及新科技革命的推动和新技术的广泛应用，世界各国智库的发展如雨后春笋。智库在研究中汇集了各交叉学科及其专家，应用现代方法和技术从事专业研究，研究的精细化和系统性有机契合，研究成果对政府的决策支撑作用不断凸显，智库成为一种全球化现象。

20世纪90年代之后，随着国际政策格局发生重大变化，智库的作用逐渐在全球范围内被人们认可。智库已成为服务现代政治经济与社会发展的重要角色，智库的发展进入了新的历史时期。

进入21世纪，随着社会的快速进步、知识的急剧增长、科技的迅猛发展和文化的交融互通，世界各国、各行各业对智库建设越来越重视，智库在国家建设、经济社会发展中的地位和作用越来越突出。尤其是跨国企业、大型组织机构等，依靠个别的主要管理者进行科学有效的决策难度越来越大，越来越需要专门的"智库"机构提供专业的决策支持。智库机构的发展进入了"黄金时代"。

2.1.2 全球智库发展的总体趋势

智库形态的发展与经济社会、科学技术的进步密切相关。智库已由最初的依靠个人才华出谋划策逐步演变为更多地通过科学技术研究提出结论建议。智库的工作方式不断改进，影响力持续拓展，地位越来越高。全球智库发展主要表现出以下趋势：

一是智库决策支撑的能力不断提升。在全球化持续深化，各行各业深度融合的今天，经济社会主体所面对的环境、形势更加复杂。随着信息技术、大数据、智能化等技术的发展，智库的研究手段越来越丰富，技术越来越先进，对复杂、动态问题的研判分析和仿真模拟能力不断增强，能够对支撑主体提供更加有效、科学的决策支持。

二是智库参与决策、构建影响力的方式发生深刻变化。随着网络信息化的发展，智库的价值传播手段进一步提升，智库的潜在受众群体庞大而多样，智库也通过传媒平台化将社会互动和决策咨询有机结合统一起来。智库既可以依托官方机构发声，也可以独立地面向社会公众发布研究成果，拓展影响力。同时，很多社会团体、企事业单位也开始主动寻求智库机构的帮助，通过支付酬劳获取专业咨询服务。

三是全球智库数量快速增长、研究范围逐步扩大。根据《2020 年全球智库报告》的统计评价分析，全球在 20 世纪 40 年代每年新增智库 12 家；在 90 年代每年新增智库 142 家。截至 2020 年，进入该统计的全球智库有 11175 家，主要集中在北美、欧洲和亚洲地区。智库的服务主体，也从政府部门、权力机构逐步向各行各业渗透，基本涵盖了经济社会的方方面面。

四是企业智库的作用不可被替代。企业作为经济社会发展的重要组成部分，对人类社会发展的重要性不言而喻。现代企业尤其是大型企业面临更加复杂的经营发展形势，决策的难度越来越大，对智库机构专业咨询的需求越来越强烈。同时，企业智库在性质上不同于官方智库或半官方智库，在政策解读与舆论导向等方面有着特殊优势，可以融合政、企和民三方面资源，面临难得的历史发展机遇。

2.2　我国企业智库发展面临的形势

一是复杂多变的国际形势要求企业智库不断强化国际重大议题研判能力。

当今世界面临百年未有之大变局，大国之间科技、创新以及综合实力的竞争日趋激烈。大国博弈既是科技制高点之争，也是战略地位之争、发展道路之争，渗透到贸易、金融、科技、资源、地缘政治等方方面面。面对复杂严峻的国际环境，我国的企业智库亟需积极培养放眼世界、影响世界的全球视野和中国视角，充分借鉴国内外著名咨询企业发展的成功经验，勇于探索未来可能对世界格局产生影响的重大议题，突出研究优势和资源优势，发挥著名专家的影响力和公信力，为我国经济社会发展扩展国际空间，争夺国际规则话语权。

二是经济转型发展要求企业智库持续强化宏观形势分析和政策研究。

我国开启全面建设社会主义现代化强国的新征程，党的十九届五中全会指出，发展是解决我国一切问题的基础和关键，我国已转向高质量发展阶段，要加快构建以国内大循环为主体、国内国际双循环相互促进的新发展格局。随着我国科技自立自强、现代经济体系建设等一系列部署的深入实施，以及乡村振兴、区域协调发展和新型城镇化的全面推进，我国经济将长期向好。但同时，我国发展不平衡不充分问题仍然突出，结构性、体制性、周期性问题相互交织，加之受世界经济衰退的影响，我国产业链供应链安全受到冲击，经济社会发展仍面临前所未有的挑战。新的形势要求企业智库不断提升对宏观经济社会形势与发展趋势的准确研判能力、基础研究能力和量化研究水平，持续加强对内外部数据信息资源的积累、整合与挖掘，开展更加深入全面的经济社会发展形势和政策研究，为国家与行业各项宏观战略的逐步落实提供决策支撑。

三是创新在我国现代化建设中的核心地位要求企业智库持续加强创新研究。

全球科技创新进入密集活跃期，新一轮科技革命推动全球产业结构和经济形态深刻调整，技术之争已经成为国际竞争和大国博弈的主要战场。

党中央、国务院始终把科技创新摆在国家发展全局的重要位置。党的十九届五中全会指出，要坚持创新在我国现代化建设全局中的核心地位，把科技自立自强作为国家发展的战略支撑。中共中央、国务院印发《关于新时代加快完善社会主义市场经济体制的意见》，强调强化国家战略科技力量，构建社会主义市场经济条件下关键核心技术攻关新型举国体制，加快建设科技强国。企业智库需要研究把握相关领域最新科技发展趋势，全力支撑企业打造原创技术策源地，服务企业科技创新顶层设计及规划编制，主动部署相关领域基础、前沿技术研究，完善科技创新服务机制，为企业创新发展提供战略支撑。

四是企业高质量发展迫切需要智库提供更加专业实用的决策建议。

智库作为服务组织决策的专业化机构，是一个组织软实力中的硬实力，在推进科学民主决策与提升治理体系和治理能力方面扮演着至关重要的角色。智库的高质量发展，是在全面分析国际国内形势及其变化趋势的基础上，充分认识面临的机遇和挑战，深刻把握"国内国际双循环"新发展格局的构建要求，提高站位、解放思想、找准定位、顺势而为，充分发挥咨政建言、理论创新、舆论引导、社会服务、公共外交等重要作用，在复杂的环境和形势中，准确识变、科学应变、主动求变，以只争朝夕、奋发有为的奋斗姿态迎接机遇和挑战，以更高质量的智库成果推进经济社会高质量发展。新时期新形势下，进一步加强企业智库高质量发展，持续推进智库创新能力建设和影响力提升，围绕事关企业改革创新和行业转型重大问题，开展具有前瞻性的政策研究，提出专业化的、富有建设性和实践性的政策建议，着力提高战略研究和综合研判能力，全力服务中央有关决策部署和政府政策制定，大力支撑企业战略发展，具有十分重要的意义。

五是智库领域的激烈竞争要求企业智库进一步强化专业能力和特色优势。

为加快推进创新驱动发展战略的实施，中共中央办公厅、国务院办公厅在《关于加强中国特色新型智库建设的意见》中，提出加强高水平科技创新智库和企业智库建设的战略部署。此后，中央和地方层面也相继出台了一系列旨在促进智库体制机制创新的政策，为优化智库发展环境、突破智库发展的制度藩篱创造条件。目前，我国咨询行业发展迅猛，在麦肯锡、波士顿、埃森哲、罗兰贝格等国际知名咨询机构业务不断扩展的同时，各类高校智库、媒体智库和民间智库也在快速建立和壮大，逐步形成了官方（半官方）智库、国际智库、企业智库、大学智库和民间智库等相互补充、竞争激烈的发展格局。这就要求企业智库必须找准战略定位、突出在相关领域的研究优势和资源优势，发挥著名专家影响力和公信力，充分借鉴国内外著名咨询企业发展的成功经验，持续完善参与政府与行业政策咨询和重大问题研究的方式，不断提升服务企业的决策支撑能力，拓展学术影响力，努力打造优质强势的学术品牌。

2.3 我国企业智库的发展现状及问题

2.3.1 我国智库发展总体概况

1. 我国智库发展政策

随着世界政治经济格局的变化和我国经济社会发展，智库作为国家软实力的重要组成部分，在推进国家治理体系和治理能力现代化中的作用更为凸显，我国对智库的重视程度越来越高，尤其是党的十八大以来，国家出台了一系列重大举措支持智库发展，我国智库行业迎来了快速发展的"黄金十年"。

2013年11月，中国共产党第十八届中央委员会第三次全体会议审议通过的《中共中央关于全面深化改革若干重大问题的决定》，在"加强社会主义民主政治制度建设"部分中提到，"加强中国特色新型智库建设，建立健全决策咨询制度。"这是在中央文件中首次提出"智库"概念。

2015年1月，中共中央办公厅、国务院办公厅印发《关于加强中国特色新型智库建设的意见》（中办发〔2014〕65号），该意见明确了基本原则和总体目标，对中国特色新型智库的概念、定位和作用进行了全面阐述，提出要构建中国特色新型智库发展新格局，成为我国智库行业发展的纲领性文件。

2015年11月，中央全面深化改革领导小组第十八次会议审议通过了《国家高端智库建设试点工作方案》，指出要建设一批国家亟需、特色鲜明、制度创新、引领发展的高端智库，重点围绕国家重大战略需求开展前瞻性、针对性、储备性政策研究[57]。

2015年12月，国家高端智库建设试点工作会议在北京召开。会议强调，着力建设一批国家亟需、特色鲜明、制度创新、引领发展的高端智库，推动我国智库建设实现新的发展。25家智库成为首批国家高端智库建设试点单位[58]，国家高端智库建设迈出重要步伐。

2016年5月，习近平总书记在哲学社会科学工作座谈会上的讲话中强调，"有的智库研究存在重数量、轻质量问题，有的存在重形式传播、轻内容创新问题，还有的流于搭台子、请名人、办论坛等形式主义的做法。智库建设要把重点放在提高研究质量、推动内容创新上。要加强决策部门同智库的信息共享和互动交流，把党政部门政策研究同智库对策研究紧密结合起来，引导和推动智库建设健康发展、更好发挥作用。"[59]。

2017年2月，中央全面深化改革领导小组第三十二次会议审议通过了《关于社会智库健康发展的若干意见》，该意见提出规范和引导社会智库健康发展，对发挥民间智力、为党和政府决策服务具有重要意义。社会智库的建设要坚持加强党的领导，将社会责任放在首位，以政策研究咨询为主攻方向，服务党和政府的科学决策。

2017年10月，习近平总书记在中国共产党第十九次全国代表大会上的报告中提出，"深化马克思主义理论研究和建设，加快构建中国特色哲学社会科学，加强中国特色新型智库建设"，再次强调了加强中国特色新型智库的重要性。

2020年2月，中央全面深化改革委员会第十二次会议审议通过了《关于深入推进国家高端智库建设试点工作的意见》，强调建设中国特色新型智库是党中央立足党和国家事业全局作出的重要部署，要精益求精、注重科学、讲求质量，切实提高服务决策的能力水平。

2021年3月，十三届全国人大四次会议表决通过了关于国民经济和社会发展第十四个五年规划和2035年远景目标纲要的决议。决议提出，"构建中国特色哲学社会科学学科体系、学术体系和话语体系，深入实施哲学社会科学创新工程，加强中国特色新型智库建设。"

2022年4月，中共中央办公厅印发了《国家"十四五"时期哲学社会科学发展规划》，提出要加强中国特色新型智库建设，着力打造一批具有重要决策影响力、社会影响力、国际影响力的新型智库，为推动科学民主依法决策、推进国家治理体系和治理能力现代化、推动经济社会高质量发展、提升国家软实力提供支撑。"十四五"时期，中国特色新型智库必将迈上新的台阶。

2. 我国智库发展规模

2020年12月，南京大学中国智库研究与评价中心发布《CTTI智库报告（2020）》，该报告共收录智库941家，其中高校智库是主要类型，共663家（占比70.5%）；党政部门智库73家（占比7.8%），社科院智库51家（占比5.4%），党校行政学院智库46家（占比5.4%），社会智库39家（占比5%）[60]。《CTTI智库报告》于2016年12月首次发布，当年确定入选的CTTI来源智库有489家[61]，4年来收录智库新增452家，增加92.4%。

2021年1月，由美国宾夕法尼亚大学"智库与公民社会项目"（TTCSP）研究编写的《2020年全球智库报告》发布，该报告收录了全球11175家智库，其中，美国是全球拥有智库最多的国家，为2203家，占比19.7%；中国智库排名第二，为1413家，占比12.6%[62]。《全球智库报告》于2007年首次发布，当年收录全球智库5080家，其中美国智库1776家，占比35%，全球第一；中国智库73家，占比1.4%，排名全球第十一；排名第二至第十的国家分别是英国（283）、德国（187）、法国（162）、印度（122）、俄罗斯（104）、日本（103）、阿根廷（100）、加拿大（94）和意大利（87）[63]。14年来，该报告收录的中国智库增加1340家，增长将近20倍。

根据2020年12月召开的2020新型智库治理暨思想理论传播论坛的有关数据显示，窄口径统计我国智库是3000家，宽口径统计智库机构要达到3万家之多[64]。

2.3.2 企业智库发展现状及问题

1. 发展现状

企业智库立足企业自身和所在行业，重点围绕企业的战略规划和产业发展以及行业重大问题开展研究,不仅为企业的发展提供决策参考,也为政府提供有关行业和经济社会发展等方面的政策建议。企业智库是我国特色新型智库必不可少的组成部分。

陈月新在《新时期企业领导应具备的素质》(1990)一文中就提出,随着现代企业和社会结构的日趋复杂,"经验决策"面临巨大挑战,必须提高决策科学性,要求决策者要善于运用"外脑",发挥政策研究机构的作用[65]。黄培俭在《政策咨询也应是企业审计部门的职能》(1992)中也提出,企业内审为企业服务,要学习政策、运用政策,做好参谋[66]。李霞等在《谈大中型企业政策研究机构的设立》(1998)中,对大中型企业设立专门从事政策研究部门的必要性进行了深入分析[67]。

随着市场经济的发展和企业在市场经济中地位的不断提升,企业智库的功能和职责也在不断拓展,企业智库在政府政策制定、经济发展、社会管理等方面发挥越来越重要的作用。早在1993年,李树明等在《建立企业参与党和国家决策体制的必要性及途径》就指出,企业作为市场经济的主体、党和国家决策的最重要的承受者,参与党和国家决策具有十分突出的重要意义。有条件的企业,特别是大中型国有骨干企业要建立强有力的调研和政策研究机构,不断提高企业的政策研究水平、增强企业参与决策能力[68]。而实际上,政府重大政策的制定,往往也都会征求企业的意见,一般都会由企业所属智库机构开展具体研究工作,提出反馈建议。企业智库的影响力范围早已经超出企业本身。

但我国企业智库的规模发展和影响力提升相对缓慢。2014年1月,上海社会科学院智库研究中心发布我国首部智库排行榜报告《2013年中国智库报告——影响力排名与政策建议》,报告将我国智库分为四类:党政军智库、社会科学院、高校智库和民间智库,并未提及企业智库[69]。而在2015年1月由零点国际发展研究院与中国网联合发布的《2014年中国智库影响力报告》中,民间智库中设立了企业智库子类,仅有20家,远远少于其他类型智库数量。高质量的企业智库严重缺乏,企业智库在企业发展中的作用有待提升[70]。2015年公布的 25 家首批国家高端智库建设试点单位中，企业智库只有 1 家。在 2017 年 2 月上海社科院发布的《2016 年中国智库报告》中新增了社会（企业）智库分类[53]，2020 年发布的《2019 年中国智库报告》中企业智库增加到 49 家[71]。

我国的企业智库按照所有制不同，可分为两类：一类是国有企业智库，涵盖能源、电力、通信、船舶、银行等关系国民经济的重要战略领域。例如，能源行业的中国石油经济技术研究院、中国石油化工集团公司经济技术研究院；电力行业的国网能源院、国家电投中央研究院、中国华能经济技术研究院、大唐集团经济技术研究院[72]；通信行业的中国电信研究院、中国联通研究院、中国移动研究院。另一类是新兴企业智库，如比较知名的阿里研究院、腾讯研究院等互联网企业智库。

2. 存在的问题

企业智库的存在为企业高质量发展和经济社会进步提供了重要的智力支撑。但同时也要看到，企业智库经过了一段时间的快速发展，面临着一系列亟需解决的问题。

一是企业智库价值发挥受到"出身"的制约。一般来说，企业智库有母公司的支持，至少在财务经营方面不会有太大问题，母公司从长远考虑，也会对企业智库提供充足的资金支持。但无论是出于提升自身决策支撑能力的需要，还是出于拓展智库品牌影响力、更好服务所属企业的考虑，企业智库都应积极服务于有关政府部门、所属行业其他组织机构，即应多元化发展。然而，作为企业智库，一方面，研究经费、各项工作主要来源于母公司，受制于母公司战略、经营状况、发展方向等因素；另一方面，在支撑政府决策、行业发展中又难以避免地受到母公司的影响，决策支撑的公平公正性可能会受到质疑。

二是企业智库支撑服务母公司的方式有待持续优化。企业智库支撑母公司战略发展、改革创新，这种支持一方面反映在为企业管理者提供决策建议，另一方面也会融入企业经营发展的日常，即难以避免地要涉及企业日常运营的各种事务性工作，而后者往往需要企业智库投入大量精力。当然，两者并不矛盾，某种程度上是相辅相成的，即唯有深入企业日常，更了解企业状况，才能更好地服务管理层；凭借对管理层管理理念和做法的更深刻理解，也能更好地让管理层的想法落实到企业日常工作中。但毕竟资源是有限的，如何能够界定好企业智库的定位，合理地在服务管理层与支撑日常运营管理之间分配有限的研究资源，更好地发挥智库对企业改革创新发展的作用，不仅考验着企业智库的智慧，也需要母公司的支持。

三是企业智库的管理模式有待优化。企业智库作为组织机构，既有一般组织的特点，可以应用现代管理理论进行日常管理，也有其自身特点，即脑力劳动的劳动方式和员工知识分子的身份特征。现代管理理论源于工厂管理、体力劳动、计件工作，虽然经过了多年发展，已经广泛应用于各行各业，但管理的艺术性决定了需要根据不同情况、特点调整管理模式。如何做好智库机构的专业管理，有效激发智库工作者的积极性、创造性，实现出思想、出成果、出人才的目的，需要持续加大研究力度。

四是缺乏权威的企业智库评价指标体系。截至目前，已有不少机构开展了智库评价工作，按年度或者一定的时间公布评价结果。比较知名的包括美国宾夕法尼亚大学"智库与公民社会项目"的《全球智库报告》、中国社会科学院中国社会科学评价研究院《全球智库评价研究报告》、南京大学中国智库研究与评价中心和光明日报智库研究与发布中心合作建设"中国智库索引（CTTI）"项目等。但尚未出现专门针对企业智库的评价报告或者权威的评价指标体系。评价指标体系的针对性决定了评价结果的科学性。因此，亟需全面系统地开展企业智库评价指标体系的构建工作。

3 国内外相关一流智库发展经验

3.1 国外相关一流智库

3.1.1 美国兰德公司

1. 智库简介

美国兰德公司（RAND Corporation）成立于 1948 年，是一家非盈利性质的政策研究机构，总部设在美国加利福尼亚州，在北美、欧洲和澳大利亚设有办事处。兰德公司是美国在军事领域最重要的战略研究智库之一。最初以研究军事尖端科技和重大战略而闻名，之后研究领域扩大到政治、经济、社会、科技等各个方面，逐步成为一家综合性战略研究智库，在全球范围内享有盛誉。

截至 2021 年底，兰德公司拥有来自全球 48 个国家的 1770 名员工，54%的研究人员拥有博士学位，36%的研究人员拥有硕士学位[73]。很多研究人员掌握多国语言，使用的语言除英语外，还包括法语、德语、中文、俄语等。2021 年，兰德公司发布了 623 本报告、373 篇期刊文章，所有这些研究成果均可在其官方网站上浏览；服务客户 425 家，在推特上拥有 21 万粉丝；实现营业收入 3.46 亿美元。在美国宾夕法尼亚大学《2020 年全球智库报告》[74]中，兰德公司位列全球智库综合榜单第 7 名，位居"顶级能源和资源政策智库"榜单第 9 名。

2. 智库建设发展的实践经验

一是建立专门的调研小组，搜集积累数据，形成独立的数据库和资料库。为了保障数据质量，兰德公司于1972年成立专门的调查研究小组（SRG）[75]。近30年来，SRG以创新性的调研方案、数据采集和理论研究而闻名。自1992年起，SRG开始为外部客户提供服务。为了让所有研究人员掌握统计学相关技能，提高研究质量，兰德公司于1976年成立兰德统计小组[76]。截至2022年底，小组由15名拥有博士学位和16名拥有硕士学位的统计学专家构成。该小组为兰德公司的所有项目提供短期统计咨询，特别是那些团队中没有统计学专家的项目。兰德公司在研究过程中形成了大量数据库[77]，其中统计类和调查类数据库面向公众开放，如兰德美国政府统计数据库（RAND State Statistics）包含商业和经济、犯罪、监狱和公共安全、就业和收入、能源和环境、政府、健康和医疗保健、高等教育、人口和人口统计、贫困和社会服务，以及交通和旅行等领域的数据模块，收录数据覆盖美国全部50个州，数据主要来源于美国人口调查局、美国国土安全部和美国经济分析局等权威机构。

二是重点针对时效性较强的热点话题开展研究，通过宣传提升智库知名度和影响力。兰德公司成立七十年来开展了众多研究，它之所以能够获得广泛的关注和知名的成就，一部分原因是它成功预测了很多重大历史性事件的发生，如预测了中国出兵朝鲜战场。这是因为兰德公司采取了成功的选题策略，从而形成了能够引起人们关注的重要成果[78]。一是关注国际热门的战略问题。从中东问题到朝鲜问题，再到乌克兰战争、中美问题等，都是当时最引人关注的热点话题。2021年兰德公司聚焦的国际热点话题，主要涵盖民主、乌克兰战争、国际经济关系、枪支暴力、远程医疗、人工智能、全球气候变化、教育政策等。对这些问题开展研究，无形中扩大了自己的知名度。二是广泛开展预测性研究。兰德公司的预测性课题一般通过量化分析的方法进行科学性论证，尽管部分预测结果存在偏差，甚至错误，但往往成功的预测结果更能被人们记住。三是研究课题以政策类、宏观类课题为主，易于被政府部门和公众接受。与此同时，兰德公司积极采取各种各样的方式进行宣传，包括发表文章著作，向有关政府部门提交或公开发布研究报告，举办成果发布会或研讨会，通过公开演讲或媒体发表评论，出席国会听证会，积极利用网络和手机等新媒体等。兰德公司是美国国家政策制定的重要无党派智库资源，仅在2021年，就有近150名兰德公司的研究人员参加了362次国会议员及来自两党的工作人员列席的会议。

三是理论方法研究创新性强，研究具有独立性。兰德公司投入大量时间成本和人力成本建立了大量独具创新性的研究分析方法和模型[79]，如行动热点法、专家棱镜系统等。这些模型方法通用性较强，可以被广泛应用于各类政策类、管理类、经济类等宏观研究。兰德公司的自主性体现在产品形式上和研究内容上。由于研究资金来源于多个政府部门、私人企业以及其他各类机构，如2021年有790位经费赞助者或赞助商，兰德公司的研究人员对于课题的立项、研究内容的观点表达等都拥有绝对的独立自主权，不依附于任何机构的权威，而是坚持发表客观的、创新的观点。

3.1.2 英国牛津能源研究所

1. 智库简介

牛津能源研究所（Oxford Institute for Energy Studies，OIES）成立于1982年，是一家来自英国的世界领先的能源研究机构，专门从事能源生产、消费、市场、政策、法规和能源转型等全球能源问题研究。主要聚焦于以下方面：包括石油、天然气、煤炭、电力和可再生能源等在内的能源经济学分析，电力市场设计和电网监管，石油和天然气价格、市场结构和交易的演变，能源政治和社会等[80]。

OIES的研究人员来自不同的国家，拥有多样的学术和专业背景。除了对当前广泛的能源问题进行前沿研究外，还致力于通过消费者和生产者、政府和行业、学术界和决策者之间的对话来进行深入探索。服务受众包括消费者、生产者、政府、行业、学术界、媒体以及决策制定者。OIES 的目标是，加强研究人员以及各类利益相关者之间的互动，使各方能够对各种经济力量、代理人和政策制定者的行为、动机和目的有更加深入的理解，从而在国际能源市场中对这些力量的运作产生影响。在美国宾夕法尼亚大学《2020年全球智库报告》中，OIES 位居"顶级能源和资源政策智库"榜单第一名。

2. 智库建设发展的实践经验

一是采取多种成果转化形式，公开分享研究成果。OIES 在官方网站公开发表研究报告，并在多个国际学术平台分享。OIES 发布的《碳市场演变及其在气候减缓与可持续发展中的作用》《欧洲市场到 2030 年可再生氢能进口的可能发展》《解析中国 2060 碳中和气候承诺》《中国电力行业的天然气：挑战与前进道路》《俄乌冲突对中国能源市场的影响》《全球氢能贸易研究报告：什么是长距离氢气运输的最佳方式》等报告都得到了广泛的社会关注。同时，OIES 还出版了《调查报告》《能源洞察》《能源评论》《牛津能源论坛》《石油月刊》《季度气体回顾》《简报》等刊物[81]，并发表了相关期刊论文。根据其研究出版物，OIES 制作了在线播客，供全球范围内的不同受众阅读。此外，OIES 积极参加高质量研讨会并出席重要的国际会议，加强与政府、行业、政策制定者、监管机构和学术界的直接互动，就相关研究成果或观点进行交流。

二是非常重视智库网站和社交媒体的建设运营。OIES 在其官方网站上，及时公开分享学术研究、能源观点、能源评论、演讲等各种形式的研究成果。2020 年，OIES 以论文、见解、评论、播客和《牛津能源论坛》季刊的形式，发布了 100 多篇研究报告。超过 7500 名用户使用了该 OIES 的出版通知服务，比前一年增加了 20%。OIES 的网站访问量为 18.5 万，比 2019 年增加了 40% 以上。社交媒体账号关注人数持续快速增长，在 2020 年增加了 40%。出版物的质量、广度、深度和数量，以及它在网上日益增加的影响力，都反映了 OIES 的智库研究水平。

三是专门设置相关重点研究板块。OIES 根据国际形势需要，专门设置有关热点和重点议题研究板块。例如，鉴于近年来中国不断推出碳达峰碳中和的相关政策，学术界对于中国能源转型的探讨热度高涨，关注度极高，为此，OIES 开设了专门关注中国能源转型的重点研究板块，发布的相关研究报告受到了中国读者的高度关注，被各大中国网站、微信公众号转发评论，极大地提高了该机构的影响力。

3.1.3 美国未来资源研究所

1. 智库简介

美国未来资源研究所（Resources for the Future，RFF）成立于 1952 年，是位于华盛顿特区的一家独立的、享有免税条款的非营利性研究机构，主要靠捐赠者（sponsors）捐赠基金开展自身业务。RFF 的使命是"通过公正的经济研究与政策参与，来改善环境、能源和自然资源的相关决策，使未来气候变化不再威胁人类的福祉"[82]。其核心价值观为"平衡、严谨、独立、尊重、成果"。其中，"平衡"是指在环境保护以及经济发展中求得平衡双赢的解决方案；"严谨"是指智库研究要坚持最高的科学和专业标准；"独立"指智库研究要保持独立，坚持无党派、正直和客观可信；"尊重"是要建立一个多元化、公平、宽容的研究环境；"成果"是指智库成果要能够更好地支撑公共和私营部门的相关决策。

RFF 的工作人员包括研究人员、研究员（fellows）、大学研究员（university fellows）和其他因奖学金、助学金等原因服务于 RFF 的学者。其科研资金达到 1600 万美元，超过 250 家公司或个人是 RFF 的赞助者。RFF 的主要研究方向为环境、政策、经济、能源之间的相互影响及关联。作为第一个专门研究自然资源和环境问题的智库，早年 RFF 专注于自然资源稀缺和进口依赖，开拓了环境和资源经济学领域。后于 1979 年成立了环境与资源经济学家协会（Association of Environmental and Resource Economists，AERE），旨在交流思想、促进研究和促进环境与资源经济学研究生培训。目前，AERE 有来自 30 多个国家的近 900 名成员，来自学术机构、公共部门和私营行业。在美国宾夕法尼亚大学《2020 年全球智库报告》中，RFF 位居"顶级能源和资源政策智库"榜单第五名，在该领域美国智库中排名第一。

2. 智库建设发展的实践经验

一是围绕智库研究方向，形成了突出的成果转化能力。 RFF 的研究成果每年在多平台以多方式发布，方便用户探索环境与资源经济学和政策前沿信息。2021 年，RFF 出版了包括书籍、论文、报告、政策解读、时事评论、可视化数据工具、评论员文章、工作报告等在内的 330 篇出版物和评论文章；其负责的《资源》杂志，自 1959 年首次出版以来，迄今已发行超过 200 期。

二是积极开展交流合作，不断提升智库宣传水平。 对内，RFF 与多家大学合作，邀请大学内的研究者参与到 RFF 的工作中来。对外，RFF 与政策决策者积极合作，如美国国会、参议会、各州政府等。近年来，RFF 支撑三项国会提案中清洁电力标准政策影响的建模研究、参与 2020 年能源法案立法工作、为参议院法案提供能源转型中实现公平性发展的研究信息、为科罗拉多州等州提供通过灵活限额和交易政策实现碳排放目标的研究。此外，RFF 与 NASA 及全球学者开展合作，组建团队开展研究；RFF 与企业和非政府组织合作，分享在内部企业碳定价战略方面的经验教训。RFF 举办会议、政策领导人会谈、直播、广播、网络研讨会以及线下研讨会等各类对外交流活动，作为自身研究的延伸。通过注重媒体宣传，与记者和电台沟通，开设线上专家和广播 live，提高自身研究成果的传播力和影响力。2021 年，超过 150 万用户访问了 RFF 网站，超过 13000 人观看了 RFF 的相关宣传节目。

三是重视数据和建模工作，积极共享自身研发的模型工具，持续提高智库影响力。 RFF 通过整理自身数据，开发数据可视化工具，提高自身影响力。基于专业的建模知识，RFF 学者创建了一系列共 9 类数据工具，允许用户以各种方式探索 RFF 的研究数据。例如，碳减排社会性成本计算工具、碳价格计算工具等，更多的工具可以在其数据工具页面上找到。在决策工具方面，RFF 开发了众多分析模型及分析工具，协助环境专家设计和评估各地区、州、地方和国家的相关政策，这成为 RFF 在环境经济学领域最重要的贡献。其中，主要的模型有 13 项，例如 Goulder-Hafstead 能源环境经济（E3）CGE 模型，其有助于联邦政府预测碳排放定价政策对未来的影响；覆盖碳排放定价对就业、社会福利影响的模型，随机碳排放预测模型，政策投资对美国工程、电力、经济部门的影响预测模型，燃油经济性标准等政策对汽车市场的影响模型等[83]。

3.1.4 日本野村综合研究所

1. 智库简介

野村综合研究所（Nomura Research Institute，NRI）是日本著名的研究咨询机构，于 1965 年正式成立。NRI 是东京证券交易所的上市公司[84]，总部位于东京最繁华的丸之内 CBD。截至 2021 年 3 月底，NRI 拥有 6507 名员工，其中研究人员 1834 人。它是日本现存民间综合研究所中资格最老，业绩最好、规模最大、研究人员最多的研究所之一。成立次年，NRI 便开始了全球化发展历程。继 1966 年 1 月开设首个国外研究机构——纽约事务所之后，随后的 50 多年里，共在英国、中国、新加坡、美国、韩国等多个国家共开设了十多家国际研究机构。

NRI 开展咨询服务的范围非常广泛，大到涉及人类发展的全球性问题、国家战略、能源对策、各行业的经营战略等宏观议题，小到超级市场、技术产品、化妆品、出租汽车等微观问题。NRI 的客户群体包括政府、企业和社会团体等。除了承接大量的商业项目外，NRI 也是日本政府国家战略制定的重要支撑机构之一，深度参与了政府的相关重要研究和政策制定，在日本的相关战略决策中发挥了重要作用，是"软硬兼施"的综合性思想库[85]。无论从发展历史和规模，还是综合实力和影响来看，NRI 都是日本思想库的杰出代表。NRI 作为企业智库位居美国宾夕法尼亚大学《2020年全球智库报告》中最佳利润智库榜单的第二名。

2. 智库建设发展的实践经验

一是树立了独特的企业智库经营理念。NRI完全按照企业运营模式进行管理，以营利为目的，"创造附加价值，扩大企业价值"是NRI的基本思想。NRI的使命是，对于社会，设想并实现新范式；对于客户，做值得信赖的合作伙伴，共同成长。NRI将"对品质的追求"贯穿于调查研究、咨询及系统建设运营的各个阶段。除了咨询服务外，NRI的业务收入90%以上来自IT解决方案业务。这是因为NRI的通信技术开发部门在全日本首屈一指，研发能力突出[85]。

二是实施跨国化经营，研究人员构成多元，具有国际视野。NRI在国外多个国家和地区开设了分支机构，人员构成不局限于本国，使智库更具有国际视野。NRI在英国、中国、新加坡、美国、韩国等多个国家共开设10多家国际分支机构。NRI对研究人员的招聘是国际性的，涵盖各个国家和组织。大部分高级研究人员身兼数职，其中很多是政府人员、基金会成员或大学教授，这种交叉任职促进了研究成果的传播和交流。同时，还广泛聘用大学的知名学者和专家、企业界的精英、政府卸任的官员、其他著名智库的人才等，保证智库人才来源的多样性[86]。这样的人员构成有利于扩大研究视角，使智库更加具有国际视野。

三是坚持研究质量，并建立完善的风险管理系统。NRI置了专门的质量管理部门，以此推进整个公司的质量活动。NRI开发了质量管理体系——NRI-QMS系统，该系统已经获得了ISO9001认证，为运营过程提供了管理规则和操作工艺。在风险管理方面，NRI将风险分为"全公司的风险""业务活动中的风险"以及"灾害及事故等引发的危机"三大类，并分别构建了相应的管理机制，如图3-1所示。在进行综合风险管理的同时，适时检查以期改善。尤其是在社会影响较大的业务和服务方面，NRI致力于完善业务连续性计划和容灾系统[87]。

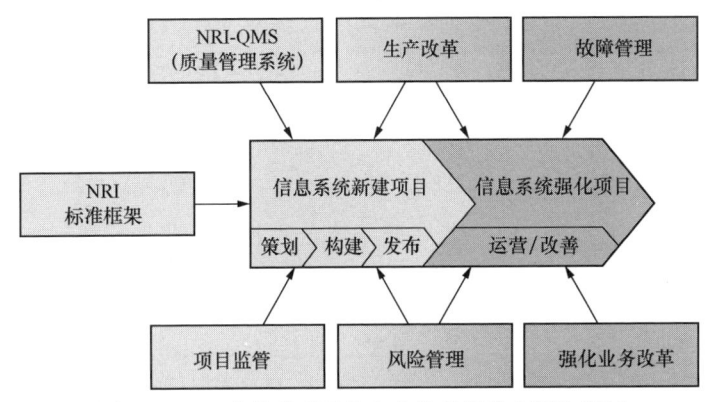

图 3-1　NRI 为提升质量从多个角度提供支援的机制

3.1.5　韩国三星全球研究院

1. 智库简介

三星全球研究院（Samsung Global Research，SGR）是三星的智囊团，也是韩国最重要的私营部门研究中心[88]。其前身为三星经济研究院（Samsung Economic Research Institute，SERI），于 2022 年正式更名为三星全球研究院。该机构致力于为三星集团提供战略性和实用性的解决方案，以解决其当今面临的一些最困难的挑战，其研究内容涵盖从高科技 IT 行业到宏观经济驱动因素的各个领域，在塑造全球经济和商业环境的关键问题上提供严谨的思想引领。SGR 的主要工作和研究方向包括企业经营战略、研究协调、知识管理、公共政策、技术与行业研究、人力资源研究、宏观经济研究、全球化研究。其前身三星经济研究院作为企业智库，位居美国宾夕法尼亚大学《2020 年全球智库报告》中最佳利润智库榜单第九名。

2. 智库建设发展的实践经验

一是全方位支撑企业相关领域技术研究。SGR 下设 12 个研究部门，分别为 ESG 管理研究所、金融研究所、商业环境研究所、计算机技术研究所、环境管理研究所、未来工业研究所、创新服务研究所、未来基础设施研究所、人力资源研究所、CSR 研究所、北京办公室[89]、规划与合作研究所。

二是把握企业投资方向。作为企业型智库的 SGR，设立之初的首要目的便是把准企业的投资方向，为企业的未来发展指明道路。自 1986 年设立以来，其对三星集团的发展作出了重要贡献，使三星从一个低端、单一型产品主导的企业逐渐向高端、复杂生产链企业转变，使企业兼具短期与长期规划。以 2007 年为例，三星集团彼时面临着在手机、液晶面板等旗舰产品之后，难以寻找新的利润增长点的问题。时任中国三星全球研究院院长的朴胜虎屡次与智库成员商讨对策，寻找未来迅速增长的产业，而后确定了摆脱低端品牌定位的策略，最终助力三星集团实现由低端产品向高端产品的转型。

三是营造企业海外营销环境。在积极打开海外市场、营造企业海外营销环境方面，SGR 很有经验。以中国为例，中国三星全球研究院成立于 2005 年，作为 SGR 的分部，具有与总部相似的作用。深究其在中国成立的原因，一方面是为了不断提升企业的核心竞争力；另一方面则是深入中国本土，使三星真正"内化"成为中国的"本土"企业。想要真正在中国市场长期立足，了解中国的各方面生态尤其重要。在研究项目的设置上，中国三星全球研究院保留了宏观经济、产业与技术、经济政策等内容，同时增设了中韩关系分析、三星在华企业责任等项目。

四是建言企业重大决策。作为母体企业的智库，SGR 的任务是制定集团长期的发展战略，出台行业报告、经济报告。作为智库，SGR 并不单纯聚焦于短期、收益快的发展战略制定，而是关注企业长期、收益可持续、导向性的发展战略制定。SGR 的成果可通过两种形式具体落实。其一，集团战略项目，每年三星集团领导和 SGR 院长一起，拟定一些对公司运营产生长远影响的战略项目，作为来年的关键项目。其二，SGR 拥有与其他智库同样的职能，即针对有关重大问题进行针对性分析并出台报告提供给三星集团中高层管理人员，方便企业内部扩大视野、提升经济敏感度，必要时也可供管理人员查阅。

3.1.6 德意志银行研究所

1. 智库简介

德国德意志银行研究所（Deutsche Bank Research，DBR），是德意志银行集团内部的经济分析机构，主要负责为银行和客户在金融市场、经济和社会相关发展趋势、风险防控及机遇发现等方面提供咨询。DBR 的使命是提高研究质量，开展独立分析，帮助投资者进一步了解市场，激发社会就经济、财政、劳动力市场及政策类问题展开思考及讨论[90]。DBR 内部共有 200 多位分析师，主要涉及 10 个主要领域方面的跟踪分析，分别是德国宏观经济分析、德国和欧洲的经济政策、管理部门及能源资源、银行和金融市场、房地产、可持续发展、数字化领域、德国内部政治动态、欧盟政治动态等。可以说，DBR 研究的深度、广度和原创性已覆盖了世界范围内的各类经济和金融市场状况。作为企业智库的 DBR 在美国宾夕法尼亚大学《2020 年全球智库报告》中，位居最佳利润智库榜单第五名。

2. 智库建设发展的实践经验

一是 DBR 对全球、欧盟及本国的相关金融信息已形成了完善的研究体系。在研究流程上，已形成信息分类、抓取、分析等一系列较为成熟的工作流程，对全球的政策金融相关问题梳理清晰，有效帮助德意志银行在金融行业内提升自身影响力。在研究主题上，主要关注三类重要问题，并对这些问题带来的机遇和挑战提供独到见解。第一类是德国的宏观经济分析和增长趋势分析，此类研究主要基于国家部门报告、全球商业趋势及金融预测，及时研究改善宏观经济框架，明确政策制定者、商业主体及公众应负的责任。同时分析经济与政治的矛盾点，提出解决建议及政治展望。2021 年，形成相关研究观点 371 项。第二类是欧盟及欧洲货币联盟最新发展评估。鉴于欧盟一体化极大地影响了国家政策制定，且欧盟本身也是世界经济舞台上的一个重要角色，DBR 就欧盟对欧洲公司及消费者在金融市场中的监管，以及欧盟整体的经济商业环境进行分析评估。2021年，形成相关研究观点216项。第三类是全球各国经济和金融体系分析评估。受到全球化影响，DBR主要关注欧洲在国际金融市场中的表现，针对全球市场不断变化的结构和监管框架对金融市场的影响，给出长期的市场发展趋势分析及风险规避建议。2021年，形成相关研究观点338项。

二是 DBR 极其重视运用多媒体传播技术，扩大自身研究及观点的传播及影响范围。 DBR的传统媒体包括杂志、白皮书及指南。DBR出版了5本分别关注不同地区金融信息及发展情况的杂志；2021年，DBR在金融领域共发布了10部白皮书指南，旨在帮助客户梳理相关专业知识，做出正确决定。多媒体方面，DBR开通了播客频道，对世界经济和金融等一系列问题进行深入探讨；还及时整理线上、线下活动中的议题讨论，制作成节目，在相关频道上传。通过多媒体的方式，向更多观众和用户传达DBR在金融、经济、政治、能源方面的最新研究成果。

三是积极就热点问题开展对外交流。 DBR支持欧洲、中东和非洲地区、亚太和美洲地区的一系列线上或线下活动。2021年，DBR共举办了12次会议，以小组会议为单元，探讨宏观经济趋势、企业财务和现金管理、贸易融资和借贷、证券服务、信托和代理服务，以及数据、技术和环境、社会和治理（ESG）等问题。

3.2 国内相关一流智库

3.2.1 中国现代国际关系研究院

1. 智库简介

中国现代国际关系研究院（CICIR，简称现代院）前身为1980年成立的现代国际关系研究所，2003年更为现名，是研究领域宽泛、功能齐备的复合型国际战略与安全问题研究及决策咨询机构[91]。研究覆盖全球所有地区和重大战略性、综合性问题，包括国际政治问题、世界经济发展问题、地区安全问题等。

现代院有研究、行政和辅助人员 300 余人，下设 15 个研究所、12 个研究中心以及国际交流部、国际信息资料中心等部门。长期开展广泛、深入、高端的国际学术交流，是博士、硕士学位授予单位。2015 年入选首批国家高端智库建设试点单位。现代院在美国宾夕法尼亚大学《2020 年全球智库报告》中，位居全球顶级智库百强榜单第十八名，位居亚洲大国（中国、印度、日本、韩国）智库百强榜单第四名，均为上榜中国智库的第一名。

2. 智库建设发展的实践经验

一是注重资料储备和信息化建设。现代院拥有超 50 万册中外文图书和 1000 多种报纸、杂志，为中国国际问题类图书资料的主要收藏单位。主要由下属的国际信息资料中心专门负责该院的信息化建设、数据库建设、书刊采购，实现了图书报刊的信息化检索。

二是注重智库成果的专与精。现代院发挥自身的研究优势，不断提升智库成果质量，以专业能力打造精品成果。主要以研究报告等形式为政府部门提供成果，并通过出版物为社会服务。该院主办发行《现代国际关系》（中文核心期刊）、Contemporary International Relations 和《国家安全研究》三本学术期刊。此外，该院还不定期出版有关国际问题的各种专著。

三是注重国际交流，积极发挥"二轨"外交作用。现代院与世界主要国家和地区的许多研究机构都有学术交流关系。应邀来访、参加该院举办的国际会议或顺访该院的境外专家学者每年达上千人次。该院每年还派相当数量的学者出国从事学习、调研、讲学等活动以及出席各类双边和多边国际学术会议。现代院积极服务党和国家外交工作大局，通过积极的国际交流合作，充分发挥智库的"二轨"外交作用，为我国的外交事业作出了突出贡献。

3.2.2 国务院发展研究中心

1. 智库简介

国务院发展研究中心（简称国研中心）是从事综合性政策研究和决策咨询的国务院直属事业单位[92]。国研中心的主要职能是研究涉及国民经济和社会发展的重大战略问题和热点、难点问题，为党和政府提供政策建议和咨询意见。2015年，国研中心入选首批国家高端智库建设试点单位。

近年来，国研中心落实党中央关于中国特色新型智库建设的部署要求，积极推进国家高端智库试点工作，实施质量提升、人才优化等六大工程[93]，创新并完善智库体制机制，加快建设国际一流高端智库，成效较为显著。国研中心在美国宾夕法尼亚大学《2020年全球智库报告》中，位居全球顶级智库百强榜单第56名，为中国上榜智库第四名；位居亚洲大国（中国、印度、日本、韩国）智库百强榜单第八名，为中国上榜智库第二名。

2. 智库建设发展的实践经验

一是高度重视人才建设，汇聚大批英才，人才优势突出。作为国务院直属事业单位，国研中心以高标准严要求选拔人才，例如新进的毕业生往往要通过竞争激烈的国考。国研中心拥有一支由著名经济学家和高水平研究员组成的研究队伍，还非常重视培养年轻人，积极发挥专家学者对年轻人的传帮带作用。

二是课题研究组织能力强，发挥联合研究优势。对于年度重大研究课题，由国研中心主要领导担任课题负责人，整合内部研究力量，组织整体深入研究，并联合相关地方智库参与研究，发挥互补优势，着力提高研究水平和实践指导价值。

三是注重培育开放包容的研究气氛。国研中心的学术传统较为浓厚，形成了较为开放包容的研究氛围。一直倡导对外发言有禁区，对内研究无禁区。鼓励各种观点在国研中心的交流和碰撞，认为谁也不掌握绝对真理，不以官位来评价观点对错和水平高低，要做到以理服人，以德服人[94]。

四是打造年度精品成果，以丛书形式提升成果传播的影响力。国研中心紧扣时代脉搏和前沿问题，积极策划年度重大课题，并选择一部分高质量报告，以"国务院发展研究中心研究丛书"的形式正式出版发行。自2010年起，这套丛书连年出版，共计160余种。例如，2021年度丛书共包括9部著作，包括1项重大课题的研究成果，7部是重点课题的研究成果，还有1部是属于中心的部（所）重点课题的研究成果。

3.2.3 中国国际问题研究院

1. 智库简介

中国国际问题研究院（简称国研院）前身是1956年的"中国科学院国际关系研究所"，是外交部的直属专业研究机构，主要对当前国际政治和世界经济等领域的重大问题进行研究，提出意见和建议，以供决策参考。现有在职员工189人，有美国研究所等8个研究部门，另有中国太平洋经济合作全国委员会等4个机构挂靠[95]。

国研院紧密配合我国外交工作，对重大国际问题深入开展前瞻性、战略性和政策性研究，成果丰硕，为新中国外交事业的蓬勃发展作出了重要贡献，也为国际问题研究学界培养了一大批胸怀家国、唯实求真的研究人才。2020年，国研院入选第二批国家高端智库建设试点单位。国研院在美国宾夕法尼亚大学《2020年全球智库报告》中，位居全球顶级智库百强榜单第五十八名、位居亚洲大国（中国、印度、日本、韩国）智库百强榜单第十八名，均为中国上榜智库第五名。

2. 智库建设发展的实践经验

国研院按照中央相关指示精神，努力当好高端智库"主力军"、理论研究"排头兵"、外交政策"孵化器"、公共外交"先锋队"和高端人才"汇聚地"，聚焦主责主业，服务外交决策，努力提升政策影响力、社会影响力和国际影响力[96]。

一是始终坚持党对智库工作的领导，牢牢把握正确政治方向和价值导向。作为外交领域国家高端智库，国研院处于国际斗争一线，将坚持党对智库工作的领导，作为一切工作的生命线。该院党委始终坚持政治统领、党建引领，坚决将是否符合习近平新时代中国特色社会主义思想和习近平外交思想作为一切工作的标准，坚决把全院同志的思想和行动统一到党中央决策部署上来。

二是不断提升智库能力建设和管理水平。牢牢把握为党中央决策服务的根本任务，始终坚持高标准定位、高质量发展，强化国家站位、瞄准世界前沿，以研究能力为核心全面提升智库建设质量。以决策研究为导向，积极创新内部治理机制，健全以人为中心、以项目为纽带的管理方式，努力探索符合智库运行规律、灵活高效的现代科研单位管理体制。既坚持咨政研究的实践导向、决策导向，又紧密跟踪学术发展前沿，为高水平政策建议提供扎实厚重的学理支撑和学术论证。此外，充分重视激发研究人员的活力和创造力，为智库发展提供优质的人才保障。

三是开展智库间合作，加强联合研究。该院坚持博采众长，积极同各领域研究机构开展联合研究，优势互补，强强联合，加强对重大专项课题研究的策划组织。通过举办研讨会、走访权威专家等方式实现信息共享、集思广益，综合利用多学科知识和方法协同攻关，集聚力量、集思广益，围绕党中央关心、国家关注的重大战略性问题推出高质量研究成果。

四是坚持做好"二轨外交"和智库外宣，提高国际传播能力。国研院不断深化拓展国际交流，围绕重大外交活动加强政策宣介和舆论引导，拓展机制化合作交流，打造品牌国际论坛，积极稳妥推进相关国际研讨会，为进一步提升习近平外交思想国际影响力贡献力量。负责编辑出版《国际问题研究》（中文双月刊）和《中国国际问题研究》（英文双月刊）。每年，该院的一大批专家学者在国际交流和传播平台发文发声，以"国研思想""国研声音""国研文章"，讲好"中国故事"，发出"中国声音"，不断提升智库影响力。

3.2.4 全球化智库

1. 智库简介

全球化智库（Center for China and Globalization，CCG）成立于2008年，总部位于北京，是我国领先的国际化智库。秉承"国际化、影响力、建设性"的专业定位，坚持"以全球视野为中国建言，以中国智慧为全球献策"[97]，专注于全球化、国际关系、国际贸易与投资、国际移民与人才流动、国际教育、国内政策等领域的研究。CCG在国内外设有多个分支机构，并有多个海外代表，拥有的全职智库研究和专业人员达到上百位。邀请了来自政、企、学界和智库等领域有影响力的知名人士担任顾问、理事和学术专家，在全球范围内组建形成了数百人的国际专家研究网络。另外，CCG是中联部"一带一路"智库联盟等多个政府部门下设研究机构的理事单位，拥有博士后科研工作站资质。

CCG是首个进入世界百强的中国社会智库，也是唯一被联合国授予"特别咨商地位"的中国智库，在国内外多个权威智库榜单中均被评为中国社会智库第一名。在美国宾夕法尼亚大学《2020年全球智库报告》中，CCG位列全球顶级智库百强榜单第六十四位，是上榜中国智库中的第六名；位列亚洲大国（中国、印度、日本、韩国）智库百强榜单第十，是上榜中国智库中的第三名；位列全球最佳社会智库榜单第三十七，是上榜中国社会智库的第一名；位列全球最佳机制性合作智库榜单第十九名，是唯一入选该榜单的中国智库。

2. 智库建设发展的实践经验

一是开展前瞻研究，积极建言献策，充分发挥智库决策支撑价值。 CCG长期关注国内外热点话题，聚焦全方位、多领域的前沿研究，以多年丰富研究成果为基础预判国际形势。通过前沿议题设置，探索当下新趋势、新模式、新发展，充分发挥国际化智库优势，为推动中国全球化发展建言献策。在中国开放指数、区域与城市、湾区经济、城乡一体化等国内政策与改革方面，均提出建设性政策建议。在国际移民和人才流动领域，基于相关研究成果，提出一系列完善我国人才发展和移民体系建设的政策建议,在推动国家移民管理局成立等重大政策中发挥积极作用。在国际贸易与投资领域,持续对企业全球化、"走出去"和"引进来"展开双向研究,不断寻求更多力量推动全球自由贸易发展,率先推动我国加入《全面与进步跨太平洋伙伴关系协定》(CPTPP);创办的"中国企业全球化论坛",已发展成为推动企业全球化发展的国际高端论坛。在国际教育领域,紧扣时代脉搏开展研究,适时向教育主管部门建言献策,应对教育对外开放中的机遇与挑战。与国内外主流媒体建立广泛联系,注重向社会公众分享前沿动态,传播智库观点。

二是加强高水平交流合作,不断扩大智库影响力。CCG与国内外众多智库、学术机构,以及世界贸易组织(WTO)、联合国(UN)、经济合作国家组织(OECD)、世界银行、国际货币基金组织(IMF)等众多国际组织和相关机构建立了良好的长效合作机制,共同组织各类研讨会,开展联合研究或学术交流。CCG还定期开展国际调研交流活动,出席国际极具影响力的论坛并参与对话。CCG已在巴黎和平论坛、慕尼黑安全会议、达沃斯世界经济论坛等重要国际场合举办了边会。同时,CCG已成为各国政要、使馆、国际智库和国际组织交流和沟通的重要平台。常年主办系列圆桌研讨会,邀请来自美国、加拿大、英国、澳大利亚、日本、德国、埃及等多国智库专家学者、政要、商界精英、外交使节,就国际关系与多边合作等议题进行研讨与交流。通过连续多年主办年度品牌论坛,设置中美关系、中欧合作等议题,积极开展国际交流活动,充分发挥智库"二轨外交"作用。

三是不断提高成果转化能力,推动研究成果的免费共享。CCG保持对国际关系和外交等相关领域的高度关注,通过深度追踪我国与美国、加拿大、欧洲、亚洲等国家与地区的双边经贸关系发展与变化,致力于中美欧合作、"一带一路"等多边领域的研究,为我国的政策制定提供了诸多决策参考。2021年,全球化智库(CCG)发布建言献策100余篇[98]。CCG每日发布CCG公众号信息,每周出版CCG电邮周刊,每月出版《中国与全球化智库》《建言献策参考》,还运营《中国与全球化智库》《中国人才 50 人论坛》等电子刊物。CCG 每年在国内外著名出版社出版 10 余部中英文研究专著，如在 Edward Elgar 出版社出版的《Handbook on China and Globalization》是为数不多的由智库在国际权威学术出版社出版的全英文书籍[97]。同时，通过在全球化相关研究领域开展领先研究，在国际国内重大问题关键节点撰写和发布研究报告，如《中国企业全球化报告》《2023 中国与全球化报告》《乌克兰危机对全球供应链和中国经济的影响》等。而且，CCG 在其网站公开向社会共享研究成果，免费向公众发放相关图书、报告等数十万册，研究成果年度网络访问量达数十万次。

四是积极开展智库研究，推动中国特色新型智库建设。CCG 研究智库理论并不断创新管理实践，推动中国特色新型智库创新发展，并通过在国际舞台发声或开展研究合作等多种途径，不断促进我国智库界、学术界与国际顶尖智库之间的学术交流和管理经验分享。同时，CCG 积极推动国内的智库研究人员"走出去"，学习和借鉴国外顶尖智库的前沿理念和管理实践，加强与国际智库合作交流，探索适合中国智库的发展模式，不断提高智库发展水平。

3.2.5　中石油经研院

1. 智库简介

中国石油集团经济技术研究院（简称中石油经研院）前身是成立于 1964 年的石油工业部科技情报研究所，是中国石油集团的直属科研院所。中石油经研院是中国石油集团从事能源发展战略、信息咨询研究的决策支持机构，经过多年发展，已具备雄厚的研究基础与实力，在能源行业和智库业界享有较高知名度[99]。2020 年 3 月，为贯彻落实《关于深入推进国家高端智库建设试点工作的意见》，中国石油集团批准成立了中国石油集团国家高端智库研究中心[100]。

2. 智库建设发展的实践经验

一是建设开放型智库平台、包容型智库人才团队。中石油国家高端智库研究中心依托中石油经研院，实施开放式管理，整合内外部智库研究力量，有效推进资源对接、信息共享、创新协同，积极打造高水平的特色智库成果。智库研究中心立足"能源"和"企业"特色，围绕能源战略与安全、"一带一路"能源合作、国企改革发展等领域，开展具有前瞻性和战略性的研究咨询服务。通过积极搭建开放式研究平台，中石油经研院建立了包括"两院"院士以及国内外知名专家学者、政府官员、企业家、媒体人等多类型多层次多视角的智库人才团队，形成了符合智库特点的运行管理体系[101]。

二是依托智库内部出版社，建立周刊、月刊、双月刊、年度报告相结合的出版物集合，以多种时间尺度全方位推广不同时效性的智库研究成果。中国石油集团的出版物包括《石油综合信息》（周刊）、《能源经济大数据快报》（周刊）、《石油商报》（周刊）、《国际石油经济》（月刊）、《中国石油文献》（双月刊）、《世界石油工业》（双月刊）、《国内外石油科技发展与展望》（年度报告）、《科技创新发展报告》（年度报告）、《国内外油气行业发展报告》（年度报告）、《世界石油工业统计》（年度报告）、《中石油经研院能源数据统计》（年度报告）、《世界与中国能源展望》（年度报告）、《石油基础数据要览》（不定期）共13本，形成了全方位的成果转化体系。

三是加大与主流学术媒体合作力度，借助主流学术媒体扩大智库在不同层次受众当中的影响力。通过多家主流学术媒体扩大智库影响力，合作过的媒体包括习近平经济思想研究、学习时报、新华财经、光明日报、人民网、科技日报、新华社、经济日报、中国日报、中国经济时报、中国石油报、证券时报、央视财经频道、"一带一路"能源合作网、中国电力报、"学习强国"平台等十多家。

3.2.6 国网能源院

1. 智库简介

国网能源研究院有限公司（简称国网能源院）于2009年正式成立，是国家电网公司智库建设的主体单位和唯一从事软科学研究的科研机构，主要承担理论创新、战略创新和管理创新的研究职责，为国家电网公司战略发展和管理运营提供决策支撑，为能源电力行业发展和政府的政策制定提供研究咨询服务。持续开展能源电力发展规划、电力体制改革、电力供需分析、全国电力市场建设、公司战略规划、电力价格等重大问题研究，不断提升能源电力领域的综合研判能力，进一步扩展宏观经济、能源低碳转型等领域的研究业务。国网能源院围绕"12248"战略体系❶，提出了建设世界一流高端智库的战略目标，旨在立足国家电网公司和能源电力行业，更好地发挥智库的功能和作用。

经过多年发展，国网能源院的研究实力在国内能源电力智库中名列前茅，一些研究专报得到中央领导的批示，许多政策建议被政府部门采纳。国网能源院是世界银行、亚洲银行注册咨询单位，入选国家能源局首批研究咨询基地，当选中央企业智库联盟首届理事长单位、全球能源互联网智库联盟第一届副主席单位。2020年首次入选2019年全球智库排名榜单，2016—2018年连续三年进入上海社科院发布的"中国智库影响力排名"名单，入选中国社科院发布的2017年度"中国核心智库"，入选光明日报社和南京大学联合开发的中国智库索引（CTTI）系统，获得ISO管理体系认证。

2. 智库建设发展的实践经验

一是将人才看作智库的两个硬核之一，高度重视智库人才队伍建设。国网能源院拥有一支高端人才领衔、专业特色鲜明、多学科交叉融合、梯队结构配置科学的能源智库型人才队伍。现有员工300余人中，博士硕士占比超过90%，具有高级职称人员超过50%。采用顾问制、特聘研究员等方式广泛吸纳外部智力，选聘院士、行业知名专家等作为高级顾问，汇聚享受国务院政府特殊津贴专家等在内的领军人才近10人。形成了由首席专家、资深专家、高级专家、专家及各层级研究人员构成的人才梯队，并搭建多个职业发展通道，保障智库专家队伍的健康持续发展。

---

❶ "12248"战略体系，即锚定"一个目标"：坚持建设世界一流高端智库战略目标不动摇；坚持"两个立足"：立足国家电网有限公司，立足能源电力行业；打造"两个硬核"：不断增强"人才""工具"核心竞争力；发挥"四个角色"：全力当好"智囊团""千里眼""预警机"和"人才库"；实施"八项工程"：党建引领工程、业务聚优工程、人才培优工程、绩效促优工程、质量提升工程、效率提升工程、数智提升工程、合规提升工程。

二是将工具作为智库的另一硬核，不断加强实验室和模型工具建设。建成了功能较为完善的软科学研究实验工具体系，拥有全球能源研究统一平台、国家电力需求侧管理平台、企业运营监测（控）离线研究分析平台等研究平台，拥有国家电网公司电力供需研究实验室、国家电网公司经营与财务仿真实验室、国家电网公司能源电力规划研究实验室等实验室，拥有全球 5E 数据库、管理咨询案例库等数据库。近两年，国网能源院加大在模型工具方面的投入和开发力度。利用这些研究平台、实验室、数据库和模型工具，为提高研究的实效性和决策价值提供量化基础支撑。

三是注重智库成果转化能力提升。国网能源院及时将承担的项目成果转化为向国家电网公司及政府相关部门报送的内参专报等汇报材料，多次被公司和政府的认可与采纳，获得公司主要领导和中央领导批示圈阅。研究成果多次获得国家有关部门、行业协会和国家电网公司奖励，发表的核心期刊论文、EI 检索论文及主流媒体文章逐年增多。基于长期跟踪分析和深度研究，国网能源院近十年来公开出版基础研究年度报告 120 余部。

四是积极开展国际交流合作，不断提升智库影响力。多次举办高层次论坛，如联合举办 2022 能源电力转型国际论坛"能源低碳转型与能源安全"平行论坛，协助举办 APEC 能源智库论坛 2022。与美国能源基金会、中欧能源合作平台等开展项目合作。与国际可再生能源署联合发布成果。参加全球气候变化大会（COP27）、中俄能源商务论坛等高层次会议并作主题演讲。连续多次进入全球智库榜单和国内智库榜单。

3.2.7 阿里研究院

1. 智库简介

阿里研究院成立于 2007 年，是国内互联网企业中第一家内设研究智库[102]。过去十多年来，阿里研究院见证、参与和推动了电子商务、数字经济的发展，已成为在国内外数字经济和数字治理研究领域具有广泛影响力的企业智库。

上海社会科学院智库研究中心发布《2018年中国智库影响力评价与排名》中，阿里研究院入围三项排名榜单，位居企业智库系统影响力榜单第二位，中国智库社会影响力榜单第十三位，中国智库综合影响力排名榜单第四十二位。在美国宾夕法尼亚大学《2019年全球智库报告》中，阿里研究院入选"2019亚洲大国（中国、印度、日本、韩国）智库百强榜"第六十八名，在上榜中国智库中排名第十八位，且是唯一上榜的中国企业智库。

2. 智库建设发展的实践经验

一是通过举办大型学术活动加大智库宣传力度，将部分直观研究成果以完全开放的形式向公众展示，扩大智库受众群体。仅2022年，阿里研究院举办了6项大型学术活动，包括2022新经济智库大会、2022金砖国家女性创新大赛、县域数字乡村指数发布会、新商业学堂、新商业攻守道、云端思享汇。其中，阿里研究院将其在全国各地调研所得数字化领域相关数据凝练成为统一的量化指标"中国县域数字乡村指数"[103]，并在其主页进行开放式展示。此外，阿里研究院还建立了远见智库论坛、数字经济论坛、数字化企业研习社、数字经济财税沙龙、新零售50人论坛、信息社会50人论坛、微金融50人论坛、中国新就业论坛等开放型学术交流平台，进一步扩大智库影响力。

二是加大国内外高端智库合作力度，与国外高水平组织、高校、机构建立常态化合作机制[104]。阿里研究院的国内合作对象包括：①国家智库：中国社会科学院、国务院发展研究中心、国家发展和改革委员会宏观经济研究院、中国国际经济交流中心、商务部国际贸易经济合作研究院、中国发展研究基金会等；②重点高校：北京大学、清华大学、复旦大学、南开大学、浙江大学、武汉大学、四川大学等；③学会协会：中国就业促进会、中国商业经济学会、中国互联网协会、中国物流与采购联合会、中国仓储与配送协会、中国百货协会、中国商务广告协会等。阿里研究院的国际合作对象包括：①国际组织：世界银行、联合国国际贸易中心（ITC）、联合国贸易和发展会议（UNCTAD）、联合国粮食及农业组织（FAO）；②国外高校：斯坦福大学、加州伯克利大学、哥伦比亚大学、布鲁金斯学会、哈德逊研究所、罗格斯大学等；③国际机构：麦肯锡、波士顿咨询、贝恩、德勤、毕马威等。

三是立足本领域核心主业，向其他领域广泛拓展，以专业视角开展跨领域研究，拓展智库研究方向。阿里研究院立足数字化领域，设立了数字经济、数字商业、数字乡村、小微企业、创业就业、行业发展、新消费、数智化转型、区域经济、全球化、数字生活服务共计 11 个研究专题，不定期发布各专题研究报告。阿里研究院秉承开放、分享、透明、责任的互联网精神，扎根阿里巴巴数字经济体丰富的商业生态，依托海量的数据和案例，洞察新知、共创未来，引领数字经济和数字治理研究。

4 国内外著名机构的智库评价实践

4.1 相关国外机构的智库评价

4.1.1 美国宾夕法尼亚大学的《全球智库报告》

由美国宾夕法尼亚大学詹姆斯·麦甘博士所带领的"智库与公民社会项目"（TTCSP）研究团队从2007年开始在其官方网站上公开发布《全球智库报告》[105]，通过问卷调研的方式对全球智库机构进行排名。截至2021年1月发布的《2020年全球智库报告》，已历经十余年，发布报告13期，在全球智库研究领域影响广泛。

1. 报告影响力

在TTCSP发布的《2008年全球智库报告》[106]中提到，全球被提名的智库机构有407家，被调研的专家学者有500余名，其中超过150名专家学者反馈了排名意见。历经十余年的发展，在《2020年全球智库报告》[74]中提到，课题组联系了超过11175家智库鼓励其参与排名过程，超过44992名记者、政策制定者、公共和私人捐赠者、专家被邀请参与评价，其中超过3974人参与了智库提名或排名调研。分布在全球130多个国家、超过150家组织机构在当地举办各种活动来探讨"为什么智库起着重要作用"等智库研究话题。参与排名的智库数量以及评价人员的数量都呈现大幅增长，且范围覆盖全世界众多国家，体现出该报告在智库研究领域的巨大影响力。

詹姆斯·麦甘博士带领的团队通过《全球智库报告》向我们展现了一幅全球智库发展的图景，让我们能够了解到全世界优秀的智库研究机构。这是绝大多数智库研究人员接触到的第一份权威的智库评价报告，为研究智库奠定了坚实的基础。

2. 评价流程

TTCSP课题组不断优化评价流程，形成了组织严密、安排紧凑的全球智库评价流程。以下是2020年执行的评价流程：4月到8月，更新智库资料库中的专家和智库清单，并征求评价指标的优化意见。9月到10月，向智库资料库中的专家、相关人员及智库发送提名邀请，邀请他们推荐有资格参与排名的机构。10月，被提名10次及以上次数的智库将被列在排名调研问卷中，项目组发出第二轮排名调研。11月到12月，项目组将被候选机构的资料发给"专家小组"，请他们对这些机构进行打分和分类排名，并在12月前提交最终结果。

3. 评价指标体系

《全球智库报告》主要从资源类指标、引用类指标、成果类指标和影响类指标四个维度进行评价，具体指标内涵见表4-1。

表4-1　　　　　　　　《全球智库报告》的智库评价指标体系

评价方面	具体内涵
资源类指标	能否招募并留住顶尖学者和分析师；获得资金支持的水平、质量和稳定性；与决策者和其他政策精英的关系；员工是否具备开展严谨研究并产出及时且深刻分析的能力；机构的知名度；网络的质量和可靠性；与政策学术界和媒体的关系
引用类指标	在国内媒体和政策精英中作为"首选"组织的能力；媒体露面和被引用的数量与质量，网站点击量，在立法和行政机构面前的证词；新闻发布会、官方任命、官员或各部门与机构的咨询量；书籍销量；报告分发量；在出版物中提及的研究与分析；参加会议和研讨会的人数
成果类指标	政策建议的数量与质量；出版的作品（书籍、期刊文章、政策简报等）；新闻采访；组织的新闻发布会、会议和研讨会；被提名担任顾问和政府职位的员工
影响类指标	政策建议被政府机构或社会组织的采纳；在网络议题中的核心地位；为政党、候选人提供咨询；获得的奖项；发表的能够影响政策走向的文章观点；在网站的主导地位；成功挑战传统制度

4. 综合评述

《全球智库报告》中涵盖的智库数量庞大，分布地域广泛，给课题组开展评价工作带来了一定困难和问题。

一是评价工作量巨大，仅靠课题组内部人员开展评价分析无法满足研究需要。考虑到研究样本数量过于庞大，课题组引进了外部专家团队协助开展研究。参与全球智库评价的人员涉及智库负责人、智库研究人员、政策制定者、业界专家、记者、政府部门、民间团体、学术机构等。评价者的专业背景、所在地域、与课题组的联系紧密程度等要素可能会对评价结果产生一定干扰。因此，课题组在研究过程中也优化了评价机制，根据评价人员所涉及的行业，将他们分成了不同专业的评价小组，针对不同类型的智库进行排名。

二是没有固定的评价指标体系及指标权重设置，评价的主观性较强。受邀参与调研和开展评价的人员依据主观印象对智库机构进行评价和排名，然而课题组给出的评价维度仅为评价人员提供了一定的参考，并没有给出具体评价方法，无法衡量评价指标在评价过程中被参考的程度。

4.1.2 埃布尔森的智库影响力评估

2020年埃布尔森发布的《智库能发挥作用吗？公共政策研究机构影响力之评估（第 3 版）》[16]，通过量化分析，研究了美国和加拿大智库是如何通过不同方式在不同的政策制定阶段发挥影响作用。然而，埃布尔森并没有对智库的影响力大小进行排名，他强调不同类型的智库发挥作用的模式各有不同。

1. 智库影响力的相关指标

埃布尔森的研究对象主要为美国和加拿大专注于公共政策研究的非营利性、无党派组织。他认为智库的影响力大小可以从媒体关注度和政策制定相关度这两个角度进行分析。他对美国和加拿大智库受媒体的关注度、政策制定相关度、智库的年度预算等指标进行了统计，主要分析指标见表4-2。

表 4-2　　　　　　　埃布尔森对智库影响力分析的统计指标

国家	统计指标
美国	媒体援引智库情况（包括电视、报纸、杂志）
	智库的年度预算
	智库向国会委员会陈述观点的情况
	智库在国会（包括参议院、众议院、《国会议事录》《每日文摘》）中被援引的情况
加拿大	媒体援引智库情况（包括电视、报纸、杂志）
	智库的年度预算
	智库向加拿大国会委员会陈述观点的情况（与智库交流的政府部门数量）
	智库在加拿大议会委员会中被援引的情况（包括向议会委员会、参议院、众议院陈述观点的次数）
	加拿大众议院和参议院辩论援引智库的情况

2. 分析方法与研究结论

为了比较智库的公众认知度和政策相关度，埃布尔森使用斯皮尔曼等级相关系数检验了以下三组变量之间的相关性：一是媒体援引次数和为议会（国会）作证次数，二是媒体援引次数和与政府交流次数，三是与政府交流次数和为议会（国会）作证次数。

结果显示，媒体援引次数和为议会（国会）作证次数具有强相关性，媒体援引次数和与政府交流次数、为议会（国会）作证次数和与政府交流次数这两组变量没有关联性。他表示，媒体关注度高的智库不一定是政策制定中影响力最高的智库，在政策制定的不同阶段，智库的影响力也有差异。

3. 综合评述

埃布尔森的研究对象主要为美国和加拿大的智库机构，基于两国的国情、制度特色，智库机构可以通过不同途径影响大众舆论、参与本国的政策制定。虽然埃布尔森对企业智库没有进行专门研究，且没有对智库进行全面系统的评价，但其研究方法以及对于智库影响力的理解仍然可以为我们研究企业智库提供参考。另外，对包括智库评价在内的企业智库研究，应该按照我国的国情和企业需要来开展研究。

4.2 相关国内机构的智库评价

4.2.1 上海社科院的《中国智库报告》

2009 年,上海社会科学院智库研究中心正式成立,成为全国第一家专门针对智库发展开展研究的学术机构。自 2014 年开始,上海社科院每年发布《中国智库报告》,为政府机构、业内同行、广大学者展现了中国智库十多年来的发展历程,提供了丰富的智库实践案例和决策建议。2022 年,上海社科院将 2018—2020 年 3 年的《中国智库报告》汇集起来,形成《中国特色新型智库高质量发展实践——中国智库报告(2018—2020)》[107]并公开出版。

1. 研究对象

截至 2020 年底,上海社科院智库研究中心的数据库中收录了 981 家智库的信息。他们对智库的类型、层级分布、地域分布、研究领域进行了统计。

从智库类型来看,分为 7 类智库。其中,占比最高的是高校智库,共 419 家。其次是地方党政/科研院所智库,共 311 家。国家党政/科研院所智库有 99 家,被该课题组认为是中国特色新型智库发展的"领头雁"。其他类型的智库还包括社会智库、企业智库、军队智库和媒体智库。

从智库的层级分布来看,分为 5 类智库。其中,国家高端智库 29 家,国家高端智库培育单位 10 家,省级重点智库 287 家,省级重点培育智库 79 家,其他智库 576 家。

从智库的地域分布来看,涉及中国 31 个省(自治区、直辖市)。其中,北京的智库数量最多,共 247 家。其次是上海,共 131 家。江苏、广东、广西的智库数量均超过 40 家。四川、云南、天津、浙江、山东、辽宁、重庆、湖北的智库数量均超过或等于 30 家。

从研究领域来看,共涉及 13 类智库。其中,经济、社会发展和综合领域的智库占比均超过 10%,数量最多。科技、区域、国际、党建、文化、政法领域的智库占比均超过 5%。其他研究领域还涉及生态、教育、防务和卫生健康。

2. 评价指标体系

2018 年《中国智库报告》主要围绕决策影响力、社会影响力、学术影响力、国际影响力、智库的成长能力这五个方面对智库进行评价❶，将这五个维度作为评价指标体系的一级指标。

决策影响力主要由四个方面的二级指标构成：一是国家级和省部级的领导批示情况；二是全国和地方的政协、人大及部委（委办局）议案的采纳情况；三是组织或参与国家级和省部级发展规划的情况；四是参加国家级和省部级政策咨询会讨论会的情况。

社会影响力主要由两个二级指标构成：一个是媒体报道情况，包括在国家或地方主流媒体发表评论文章、参与主流媒体访谈节目，以及其他重大媒体的报道；另一个是网络传播情况，包括智库官方网站的点击率、新媒体平台的关注度等。

学术影响力主要由两个二级指标构成：一个是论文著作的发表、转载情况；另一个是重大研究项目承担情况，包括国家社科或国家自然科学基金项目、政府委托项目。

国际影响力主要由两个二级指标构成：一个是国际合作情况，包括聘请外籍专家、与国际智库合作等；另一个是国际传播情况，包括在国际主流媒体发表评论文章、被国际知名智库官网列为推荐链接，以及智库英文名在主要搜索引擎上的搜索量等。

智库的成长能力主要由两个二级指标构成：一个是智库的成立时间、行政级别、研究领域等属性；另一个是研究人员规模、研究经费规模、财政资助占比等资源条件。

3. 研究重点及变化

上海社科院的研究重点从对智库的综合评价、打分排名，转变为聚焦重点

---

❶ 2019 年和 2020 年的《中国智库报告》中并没有再列出更新的评价指标体系以及智库排名。

主题的智库研究，以及对智库活动和热点选题的总结分析。2018年及以前，《中国智库报告》开展定性和定量相结合的综合评价，并公布数据库中综合排名前10%的中国智库，2018年报告公布了排名前50名的中国智库。2019年和2020年的报告中不再列出评价打分和排名的内容，报告整体更加关注我国智库当年的发展情况、选题热点以及智库活动。这可能是由于目前我国智库数据公开程度不高，数据获取方面有一定困难。智库具体的研究领域和活动内容，对于其他智库发展来说也更具有实际参考价值。

上海社科院每年聚焦一个智库发展的重点话题进行探讨。2018年主要以"改革开放40年来中国智库发展"为主题，分4个阶段介绍了中国智库发展的特点。2019年主要以"国家治理现代化与国家智库现代化"为主题，介绍了国家治理现代化的发展背景、智库建设现代化的发展趋势，分析了两者的关系。2020年主要以"党的十八大以来中国智库迈向高质量发展"为主题，提出十八大以来到2020年以前中国智库发展的"1.0阶段"，以及"十四五"时期开启的"2.0阶段"。

4.2.2 中国社科院的《全球智库评价研究报告》

中国社科院编制的《全球智库评价报告》于2015年首次发布，2020年发布第二版。《全球智库评价报告（2015）》[108]构建了全球智库综合评价指标体系，给出了评分前100名的智库名单。在2020年发布的《全球智库评价研究报告2019》[109]中，课题组没有以排名的形式呈现智库研究，而是通过案例分析分享了全球智库的概况和发展经验，勾勒出了全球智库发展的脉络。

1. 评价对象

《全球智库评价报告（2015）》对全球359家智库进行了评价研究，并进行分值计算。《全球智库评价研究报告2019》对中国、美国、英国、日本、德国、大洋洲、东南亚、中亚、中东欧、拉丁美洲和加勒比、非洲等国家和地区的智库进行了评价研究，并结合全球智库评价体系对重点智库开展案例分析，见表 4-3。

表 4-3　　案例分析智库名单

国家（地区）	评价维度	智库名称
中国	吸引力	中国社会科学院、中央党校（国家行政学院）、新华通讯社
	管理力	中国宏观经济研究院、中国国际经济交流中心
	影响力	国务院发展研究中心、商务部国际贸易经济合作研究院
美国	吸引力	经济政策研究所、哈兰学会、世界资源研究所
	管理力	阿克顿研究所、卡特中心、哥伦比亚大学地球研究所
	影响力	东西方研究所、政策研究所、国际私企研究中心、国家安全商业主管组织、外交政策研究所、经济教育基金会
英国	管理力	海外发展研究所、亚当史密斯研究所、查塔姆研究所（又称英国皇家国际事务研究所）、国际战略研究所
	影响力	皇家联合军种国防研究所、国际战略研究所
日本	吸引力	株式会社大和综研
	管理力	经济产业研究所
	影响力	野村综合研究所、亚洲经济研究所、JICA 研究所
德国	吸引力	德国发展研究所、德国政治基金会、墨卡托中国研究中心
	影响力	德国发展研究所、基尔世界经济研究所、德国伯尔基金会
大洋洲	吸引力	澳大利亚公共事务研究所、洛伊国际政策研究所、新西兰国际事务研究所
	管理力	澳大利亚国际事务研究所
	影响力	澳大利亚国际事务研究所、新西兰惠灵顿维多利亚政策研究所
东南亚	吸引力	拉贾拉南国际研究院国防与战略研究所、新加坡国际事务研究所
	管理力	印度尼西亚国际战略研究中心、拉贾拉南国际研究院国防与战略研究所、东南亚研究所、新加坡国际事务研究所
	影响力	印度尼西亚国际战略研究中心、东南亚研究所、新加坡国际事务研究所
拉丁美洲	吸引力	巴西瓦加斯基金会、巴西应用经济研究所
	管理力	巴哈马拿骚学院、巴西瓦加斯基金会、哥伦比亚和平思想基金会
	影响力	巴西瓦加斯基金会、巴西国际关系中心、墨西哥经济学研究与教育中心
非洲	吸引力	多斯桑托斯基金会、曼德拉发展研究所
	管理力	非洲技术研究网络、非洲社会科学研究发展历史会
	影响力	埃塞俄比亚亚的斯亚贝巴大学和平与安全研究所、南非国际事务研究所

2. 评价指标体系

全球智库综合评价指标体系设置了吸引力、管理力和影响力 3 个一级指标，下设 15 个二级指标、36 个三级指标、58 个四级指标以及 28 个五级指标。

吸引力指标主要由声誉吸引力、人员吸引力、产品吸引力和资金吸引力 4 个二级指标构成。声誉吸引力涵盖智库人员及成果的获奖情况、学术独立性、同行评价、成立时间。人员吸引力涵盖智库员工人数，以及薪酬待遇、工作环境、发展平台等。产品吸引力指智库的论文下载量、转载量、网站点击量等。资金吸引力指智库的人均研发经费、资金来源的多元化程度。

管理力指标主要由战略、组织、系统、人员、风格、价值观、技术共 7 个二级指标构成。战略指智库的发展规划情况。组织指智库的组织架构的系统性、是否拥有法人独立资格、与社会各界的关系。系统指智库是否有独立运行的网站、流程管理的规范性、辅助业务的外包能力。人员指智库的工作人员学历、年龄和性别结构、领导者的管理能力、员工的合作能力。风格指智库的文化传承能力。价值观指智库是否拥有明确的发展使命和价值观。技术指智库的专业技术人员的能力、研究决策能力。

影响力指标主要由政策影响力、学术影响力、社会影响力、国际影响力 4 个二级指标构成。政策影响力主要涵盖政府委托项目数量、为省部级及以上政府部门授课或提供咨询、决策建议采纳情况，以及在省部级政府部门任职情况。学术影响力主要涵盖学术成果发表或出版情况、论文被引量、会议举办及学术交流情况。社会影响力主要涵盖媒体的曝光程度、社会公益项目数量、信息披露情况。国际影响力主要涵盖与国际机构的交流合作情况、驻外机构数量、外籍研究人员占比、多语种使用情况等。

3. 评价方法

《全球智库评价报告（2015）》基于指标数据的收集情况，从全球智库综合评价指标体系中筛选了大部分指标作为 2015 年试用版评价指标体系，总分值设置 283 分，其中"吸引力""管理力""影响力"三个一级指标的分值设置分别为 82 分、51 分和 150 分。资料收集方面，课题组通过实地调研、问卷调研、电话调研、专家座谈等多种形式搜集一手资料，通过网络、图书资料、研究报告等途径搜集二手资料作为评价依据。

《全球智库评价研究报告 2019》与 2015 版本评价方法有较大差异，并未采用打分方式进行评价，而是采用了案例分析法。同时，课题组还设置了智库与"一带一路"研究的专题讨论，研究分析了各个国家和地区智库的运行方式以及他们在"一带一路"倡议中发挥的作用。在资料收集方面，与第一版报告编写过程不同的是，课题组还举办了多场专题研讨会，与智库研究领域的同行和专家进行深入交流。此外，各专题报告的作者均对该国家或地区开展了长期研究，或在当地学习工作多年，能够与当地智库取得联络，拥有良好的研究基础。

4. 综合评述

中国社科院的全球智库评价报告采用定性指标和定量指标相结合的原则，形成了较为全面的评价指标体系。尽管课题组设计了分析维度全面的评价指标体系，但由于数据资料的可获得性问题，难以开展完整的量化评价打分。《全球智库评价报告（2015）》给出了三个一级指标的总分值，但并未给出二、三、四、五级指标的分值设置以及评分标准。所以在实际定量分析打分时，不同的权重分配会在一定程度上影响最终结果。

2020 年发布的《全球智库评价研究报告 2019》从案例出发，深入分析了全球重点国家和地区的智库发展经验，为智库建设者提供了很好的实践参考，但也有令人困惑的地方。该报告提到，课题组更新完善了"全球智库综合评价 AMI 指标体系"，并且研究案例均是基于该指标体系进行的分析，但全书并未给出完整的指标体系，案例分析主要是围绕吸引力、管理力和影响力等一级分类维度展开。这可能也是由于数据资料获取的局限，导致定量打分存在一定困难。

4.2.3 南京大学的《CTTI智库报告》

中国智库索引（CTTI）是南京大学中国智库研究与评价中心和光明日报智库研究与发布中心联合研发的智库索引系统。2015年6月，CTTI研发正式启动，2016年9月正式上线。2022年10月，第三期CTTI更新完成，正式上线。截至2022年底，CTTI共收录来源智库969家，收录专家18119位，收录成果271894项[110]。

1. CTTI的总体架构

截至2020年底，CTTI的总体结构包括本地的主体系统、智库云系统以及共同体机制[111]。共同体成员用户和智库云用户能够根据自己的评价侧重点自主筛选数据、配置权重，得到定制化的评价排名结果。

共同体用户以政府和高校的智库管理部门以及大型智库为主，在本地独立部署系统，享有系统所有数据和功能的使用权。共同体成员也可增补智库信息，并推荐给CTTI中心系统。

智库云系统将CTTI的智库数据字段、数据库架构以及智库评价算法开放给有智库数据管理需求的机构或部门，为智库机构和管理部门提供线上数据检索和管理服务。智库云用户享有的CTTI功能主要包括：创建管辖范围内的机构和专家账号；检索；数据管理；数据质量控制和审核发布；统计分析；评价打分；站内消息等。

2. CTTI的主要功能

CTTI的主要功能包括检索、数据管理以及智库评价。**检索功能**能够检索机构、专家、成果、活动、需求以及报道等，实现对智库信息的智能分析，使用户快速找到目标信息。**数据管理功能**可以实现数据的录入、修改、审核、发布、存储、维护以及统计分析等功能。**智库评价功能**可以基于MRPAI测评系统和专家打分对智库进行综合评价。

3. CTTI智库的增补规则

2020年度CTTI来源智库入选标准主要参考以下7方面考量[111]：遵守国家法律法规；在权威期刊发表论文情况；有长期关注的研究领域；有健全的组织结构并且实体化运行；有固定的办公场所、稳定的经费来源、一定数量的专职人员；正常开展研讨会议等活动、每年发布文章及研究报告、有独立网站和微信等新媒体账号；开展国际交流合作并产生一定影响力。

4. 指标体系

《CTTI智库报告》以CTTI收录的智库为研究对象，提出了5个一级指标和24个二级指标。5个一级指标分别是治理结构、智库资源、智库成果、智库活动、智库媒体影响力❶。

治理结构由5个二级指标构成，包括是否设立了董事会、学术委员会、咨询委员会、管理团队或首席专家，是否是国家高端智库。

智库资源由4个二级指标构成，包括年度预算、科研人员数量、行政人员数量、网络资源情况。

智库成果由9个二级指标构成，包括内参数量、内参批示情况、主办期刊情况、出版图书数量、研究报告数量、权威期刊发表文章数量、论文发表情况、横向课题情况、纵向课题情况。

智库活动由3二级指标构成，包括举办会议情况、开展培训情况，以及接受政府部门领导调研和外出调研情况。

课题组对每个二级指标制定了赋分规则，最后将每个智库所有指标分值加总排序。

4.2.4 清华大学的《清华大学智库大数据报告》

2020年，清华大学公共管理学院智库研究中心与北京字节跳动公共政策

---

❶ 指标体系参照2016年发布的《CTTI来源智库MRPA测评报告》，2018年发布的报告中新增了智库媒体影响力，但报告并未对其二级指标及积分规则作详细说明。

研究院联合发布专题报告《清华大学智库大数据报告（2019）——今日头条版》[46]。自2017年开始，清华大学公共管理学院智库研究中心通过大数据分析方法对智库活动进行综合研究，这是课题组连续第四年发布的智库研究报告[112]。

1. 评价对象

2020年，纳入研究范围的中国智库共1065家，评价对象主要来自其他知名智库研究机构发布的智库名单，其中，高校智库611所，企业、社会智库148所，党校行政学院54所，社科院类智库69所，党政部门智库157所，军队智库2所，科研院所智库24所。

2. 评价指标

2017—2019年，课题组构建了中国智库大数据指数（CTTBI）评价指标体系，主要由微信引用影响力、专家微博影响力、微信公众号影响力三个维度构成。

2020年，课题组通过对中国智库机构在今日头条平台中的大数据分析，推出了"智库头条号指数"和"智库头条引用指数"。"智库头条号指数"由以下8个指标构成：智库官方头条账号在当年的发文数量、发文阅读数量、发文分享数量、发文点赞数量、平均每篇文章阅读数量、平均每篇文章分享数量、平均每篇文章点赞数量、收藏数量占阅读数量的比重。"智库头条引用指数"由以下6个指标构成：当年头条内容空间中引用智库发表的研究报告或专家观点等有关内容的文章数量、文章阅读数量、文章收藏数量、文章分享数量、文章评论数量、文章点赞数量。

3. 分析方法

课题组以1065家智库名称为关键词进行搜索，识别出78家智库拥有官方头条号账号，并对这些智库账号的关键指标数据进行采集，计算得出各个智库的"头条号指数"。基于智库机构的发文量和阅读量，利用散点分布图对智库的头条号运营表现进行了分析。课题组采集了引用1065家智库信息的文章数据，识别出886家智库被提及，根据关键指标数据计算得出各个智库的"头条引用指数"。基于智库机构的头条引用文章总数和篇均阅读数，利用散点分布图对智库在头条空间的影响力进行了分析，并对不同类型智库在今日头条的引用情况和月度时序特征进行了详细描述。最后，遴选了8家重点智库，包括中共中央党校、国务院发展研究中心、瞭望智库、中国科学技术协会、中国科学院、中国社会科学院、北京大学国家发展研究院、中国国际经济交流中心，分析它们在今日头条上的表现。

4. 综合评述

当前大部分智库评价研究都采用定性和定量结合的方式，对智库进行综合打分评价。数据信息的获取是研究过程中最大的难点，同时专家打分也具有一定的主观因素。清华大学利用一种巧妙的方法，利用互联网信息时代新媒体的发展，通过与字节跳动这家互联网公司开展合作，解决了数据获取的难题。新媒体账号的运营表现情况能够从多个角度客观地反映智库发展水平。文章发表数量是智库成果的一种体现，文章的点赞、转发、收藏体现了成果的质量，智库信息的引用、引用阅读量反映了智库的影响力。在移动互联网飞速发展的流量时代，人们对于报纸、杂志、书籍的关注度在持续降低，电脑网页、手机App成为现代人获取信息的主要来源，网络曝光度对于智库影响力的重要性不言而喻。可见，智库在提高研究成果质量的同时，也要做好网络传播工作。

4.2.5 浙江大学的《全球智库影响力评价报告》

2022年，浙江大学信息资源分析与应用研究中心发布《全球智库影响力评价报告2021》，这是该研究中心自2017年以来连续第五年发布《全球智库影响力评价报告》。

1. 评价对象

2021年全球智库影响力评价报告纳入了403家智库机构作为评价对象，其中国内智库约占32%，国外智库约占68%，研究领域涉及国家安全、经济、国际事务、健康、教育、科学与工程、社会政策、政府治理等[113]。

4　国内外著名机构的智库评价实践

2. 评价指标体系

该报告主要基于客观数据进行量化评价，记录了所有数据的获取来源和获取情况，力求得到客观和可重复、可溯源的评价结果。课题组提出了4个一级指标，包括资源、影响力、公共形象和产出，下设9个二级指标和22个三级指标，指标体系见表4-4。

表 4-4　　　　　　　　　　　指标体系及数据来源

一级指标名称	二级指标名称	三级指标名称	数据主要来源
资源	人员与组织	研究人员数量	机构主页
		人员总数	机构主页
		成立时间（年）	机构主页
影响力	与政府及决策者关系	领导人旋转门（%）	机构主页
	同行评议	社科院排名	社科院《全球智库评价报告》
		宾夕法尼亚大学智库报告排名	宾夕法尼亚大学《全球智库报告》
	开放性	网站语言版本数	机构主页
		是否接纳访问学者	机构主页
		成果合作情况	WOS 数据库检索
		数据公开情况	机构主页
公共形象	纸媒曝光次数	人民日报	中华数字书苑数据库检索
		华盛顿邮报	Pro Quest 平台数据库检索
	社交媒体	Facebook（粉丝量）	Facebook 首页
		Twitter（粉丝量）	Twitter 首页
		微信公众号	微信
	网站	访问量排名（三月平均）	Alexa 网站
		网站规模	搜索引擎
		网络影响因子	搜索引擎
		链接数	搜索引擎
产出	政策产出	研究项目	机构主页
		年平均研究报告	机构主页
	学术产出	连续出版物	机构主页

注　具体指标内涵请参考《全球智库影响力评价报告 2021》。

为了让评价指标体系更加科学合理，课题组每年会对智库评价指标体系进行优化调整，每年优化的主要内容见表4-5。

表 4-5　　　　　　　　　评价指标体系主要优化内容

年份	主要优化内容
2018	删减了机构收入等资金指标，删减了论文总量、总被引、篇均被引等表征论文的学术产出的指标，删减了在光明日报、独立报的曝光次数指标，删减了Youtube粉丝数量、日均 IP/PV 等社交媒体和网站运营指标，新增指标项"数据公开情况"，评价三级指标数由 35 项减少到 24 项[114]
2019	删减了在谷歌、百度搜索引擎中搜索结果出新次数 2 处指标，评价三级指标数由 24 项减少到 22 项[115]
2020	降低了随机性较大的"与政府及决策者关系"的权重值，提高了"开放性"的权重值

3. 评价方法

课题组使用线性加权法计算评价对象的最终得分，即：各评价指标得分乘以对应的权重系数，再将结果加总得到该机构的总分值。一级指标和二级指标的相对权重由课题组结合大量调研及专家意见采用层次分析法计算给出。三级指标采用各指标数据变量归一化后的均值作为相对权重。各级指标相对权重相乘得到三级指标的绝对权重。

4. 综合评述

报告尝试使用客观的量化指标来衡量智库影响力，并且展示了所有数据的来源，使得评价结果可以被重复计算并验证，这是该报告较为突出的特色。但在我们尝试根据指标体系进行打分的过程中，仍存在一些困惑。一是部分三级指标无法反映一级或二级指标的评价维度，例如，是否开通了微信公众号并不能反映一家智库的公共形象，因为很多公众号活跃度并不高，微信公众号的运营情况，包括关注人数、文章发表情况，文章点赞、收藏、转发情况等指标或能更好地体现智库的公共形象。当然，这些数据的获取有一定难度，需要与腾讯公司开展合作。研究项目和年平均研究报告两项指标不能很好地代表智库的政策产出，因为很多项目或报告并不能直接产生政策，只能提供政策建议。二是部分三级指标缺乏评分标准。例如，成果合作情况、数据的公开情况这两项指标没有明确具体评分规则。

4.3 国内外机构的智库评价实践总结

1. 从评价对象上看

上述七类国内外权威智库评价机构在开展智库评价工作时，普遍将各种类型的智库都涵盖在内，按照各自的评价指标体系进行同一标准的评价，没有专门针对企业智库（或其他类型智库）设计独立的评价指标体系，仅在评价结果中将智库进行分类排名。此外，随着研究的深入和评价机构影响力的扩大，以及智库的不断发展，纳入研究的智库数量也在持续增长。

2. 从数据来源上看

智库评价的数据获取方式主要分为五类：一是发放调查问卷给各受评智库单位填写；二是发放调查问卷给该领域的权威知名专家及相关人士填写；三是通过第三方统计平台进行大数据统计；四是被评价的智库单位主动登录评价机构网站填写信息；五是在被评价智库的官方网站、新闻媒体等公开渠道搜集相关信息。

3. 从评价指标体系上看

各机构主要从资源、管理、成果、影响力四个维度对智库进行评价。从业务链条来看，资源、管理方面属于投入要素，起支撑保障作用。成果和影响力属于产出要素，反映智库建设成效。

（1）资源指标主要体现在人力资源、财务资源、基础设备三方面。人力资源方面，包括：智库吸引与保留领先学者和分析家的能力。财务资源方面，包括：机构的筹资能力。基础设备方面，包括：是否有中英文官方网站、官方微博、微信公众号等媒体平台；是否有功能完备的信息采集、分析系统。

（2）管理指标主要体现在组织管理、行政管理、战略管理、业务管理四方面。组织管理方面包括：组织层次严密性、系统性，组织机构独立性。战略管理方面包括：是否有明确的战略规划、价值观和使命感导向。行政管理方面包括：人员素质、结构、领导能力；财务支持水平、质量稳定性；流程管理规范性。业务管理方面包括：客户关系管理能力（与政府、学术机构、媒体、企业、国外机构的关系）；服务外包能力（数据处理、社会调查、翻译等）。

（3）成果指标主要体现在：重大项目承担情况；政策建议采纳情况；出版物（包括专著、文章等）的发布情况；媒体采访情况；会议组织情况等。

（4）影响力指标主要体现在政策影响力、学术影响力、社会影响力、国际影响力四个方面。政策影响力包括：政策采纳情况（内参被批示）；研究人员为政府部门授课、接受省部级及以上政府咨询情况。学术影响力包括：在学术刊物与大众出版物上的被引情况；举办会议的参加情况。社会影响力包括：书籍、报告或文章的销售量及流量（涉及阅读、点赞、转发、评论、收藏、下载）；对突发公共事件和重要议题的舆论导向能力；社会公益性；信息公开度。国际影响力包括：国际交流合作情况；驻机构设置情况；多语言使用情况等。

4. 从公开程度来看

各机构的智库评价报告发布形式不同，在公开渠道获取的难易程度有所差异，这在一定程度上决定了他们的影响力。大部分机构以论坛活动等形式发布智库评价报告，受邀单位在论坛上可获取纸质版报告全文，或与评价机构取得单独联系，以邮寄或电子邮件等方式获取报告。一些机构除了举办发布活动外，还会在其官方网站上公开历年所发布的报告全文，供读者免费下载。此外，一些机构以专著出版的形式发表研究成果。对各智库评价报告公开形式的总结，见表4-6。

表4-6　　　　　　　　智库评价报告公开形式

	智库评价机构（学者）	截至2021年底最新版报告	公开形式
国外	美国宾夕法尼亚大学	《2020年全球智库报告》	论坛发布、官方网站发布全文
	埃布尔森	《智库能发挥作用吗？》	公开出版物

续表

	智库评价机构（学者）	截至2021年底最新版报告	公开形式
国内	上海社会科学院智库研究中心	中国特色新型智库高质量发展实践——中国智库报告（2018—2020）；《中国智库报告（2020—2021）：迈向高质量发展新阶段》	公开出版物；论坛发布
	中国社会科学院，中国社会科学评价研究院	《中国智库AMI综合评价研究报告（2021）》；《全球智库评价研究报告2019》	论坛发布；公开出版物
	南京大学中国智库研究与评价中心和光明日报智库研究与发布中心	《CTTI智库报告（2020）》	公开出版物
	清华大学公共管理学院智库研究中心	《清华大学智库大数据报告（2019）》	官方网站发布全文
	浙江大学信息资源分析与应用研究中心	《全球智库影响力评价报告2021》	官方网站发布全文

5 中国特色新型世界一流企业智库的评价体系

5.1 中国特色新型世界一流企业智库的内涵与特征

5.1.1 内涵要求

1. 从建设中国特色新型智库的角度来看

根据《关于加强中国新型智库建设的意见》,"中国特色新型智库是以战略问题和公共政策为主要研究对象、以服务党和政府科学民主依法决策为宗旨"的研究咨询机构。对于企业智库,要"支持国有及国有控股企业兴办产学研用紧密结合的新型智库,重点面向行业产业,围绕国有企业改革、产业结构调整、产业发展规划、产业技术方向、产业政策制定、重大工程项目等开展决策咨询研究"。由此可见,中国特色新型企业智库,不仅要能够为创办企业的提供研究与决策咨询服务,还能够重点面向行业产业,围绕国企改革、产业发展、重大工程项目等开展决策咨询研究,要"充分发挥中国特色新型智库咨政建言、理论创新、舆论引导、社会服务、公共外交等重要功能"。

由此可见,建设中国特色新型企业智库对企业智库有以下要求:一是企业智库必须是国有及国有控股等企业创办的智库。这是因为国有企业的定位和使命决定了其需要承担政治、经济和社会"三大责任",其本身承担着很多政策性职能和社会公共产品供给功能[116],有利于研究公共政策问题。二

是企业智库的研究方向主要围绕国有企业改革、产业结构调整、产业政策制定、产业技术方向、重大工程项目等战略性问题。这些都是涉及全行业、全产业链甚至全社会的重大问题。换言之,企业智库并非仅仅关注企业自身的经营管理等微观层面的问题,其研究要有战略高度、全局视野和长远眼光。**三是新型企业智库是产学研用紧密结合的现代智库,**既不是纯粹的学术研究机构,也不是纯粹的产业研发部门,而是以产业实践为基础,产、学、研、用相结合的组织。

2. 从支撑世界一流企业建设的角度来看

加快建设世界一流企业,是党中央的一项重大战略部署。习近平总书记在党的十九大报告中提出,深化国有企业改革,培育具有全球竞争力的世界一流企业。在党的十九届四中全会指出,要增强国有经济竞争力、创新力、控制力、影响力、抗风险能力,做强做优做大国有资本。在党的十九届五中全会上进一步强调,要加快建设世界一流企业。2022 年 2 月 28 日,习近平总书记主持召开中央全面深化改革委员会第二十四次会议时发表重要讲话,审议通过《关于加快建设世界一流企业的指导意见》,提出了世界一流企业"产品卓越、品牌卓著、创新领先、治理现代"的 16 字建设标准,为世界一流企业建设指明了方向、提供了遵循。党的二十大报告进一步要求,推动国有资本和国有企业做强做优做大,加快建设世界一流企业。

当前,我国正在加快社会主义现代化强国建设,日益走近世界舞台中央,面临日趋激烈的全球竞争。当今世界正处于大变革大调整时期,各种不稳定不确定因素不断显现。面对这种复杂多变的内外部环境,党中央关于世界一流企业建设的部署要求,体现了对相关企业尤其是国有企业的殷切期望,要求相关企业不忘初心、牢记使命,努力打造领先于国际同行的核心竞争力,在国家参与全球竞争、实现中华民族伟大复兴中充分发挥"顶梁柱"作用。

一流的企业,需要一流的智库。**建设世界一流企业对企业智库有以下要**

求：**一是要把握功能定位，面向行业重大问题，发挥智库的决策支撑作用**。企业智库要立足行业，突出智库功能，聚焦行业转型发展、科技创新、产业结构调整、重大体制机制改革等问题，加强政策研究，以创新成果和智库观点，为政策制定提供参考、为行业发展指点迷津。**二是要紧贴企业实际，针对重点难点问题，加强调查研究，支撑企业战略有效落地**。企业智库要立足企业，熟悉掌握本企业及行业发展情况，针对企业自身的战略发展问题、改革创新问题等，与企业总部、下属单位等加强合作交流，凝聚内部力量深入研究，发挥好智库作为信息交流和联合研究平台的作用，为本企业战略发展提供务实的对策建议。**三是要加强对外合作交流，以智库影响力推动世界一流企业建设**。面向国际，充分发挥企业智库的桥梁作用，加强与国际一流智库、国际一流企业的合作交流，通过智库讲好企业故事，推动本企业走向世界一流。

5.1.2 关键特征

综合以上的理论分析及智库发展实践，根据我国国情和有关政策部署，中国特色新型世界一流企业智库建设，首先要坚持党的领导和坚持中国特色社会主义方向，立足国情和企情，开展企业智库建设与运营，充分体现中国特色、中国风格、中国气派，主要有以下几个关键特征：

一是治理水平一流。一流的企业智库通常具备一流的治理体系和治理能力。健全包括学术委员会、顾问委员会或质量委员会等智库组织机构，形成一流的研究组织体系和风险管理体系，不断提升企业智库的治理能力，统筹利用内外部各种研究资源，确保智库有效运转，推动提高智库研究质量和影响力，更好地服务企业和行业发展。

二是创新成果一流。智库是出思想、出成果的智囊组织，一流的企业智库需要一流的创新成果。立足自身的专业方向和研究特色，世界一流的企业智库往往能够充分利用内外部研究资源，开展相关重大课题研究，取得创新性的研究成果，并能够对社会热点问题的解决，提供一些独特的观点。

三是决策支撑水平一流。一流的企业智库往往站在时代前沿，把握时代脉搏，保持极高的敏锐性，对复杂环境下的重大问题，深入开展综合研判，增强智库研究的前瞻性、预见性和引领性，这对保持企业基业常青、加快推动行业发展和提高决策的科学性至关重要。

四是专家人才一流。一流的企业智库必然有一流的专家人才。智库历来是高级知识分子、研究专家及社会各界精英汇聚的人才高地。一流的专家人才是世界一流企业智库的"活招牌"。知名专家的创新思想和决策建言，将会对企业和行业发展、社会福利增进乃至国家富强产生影响。

五是品牌影响力一流。品牌影响力是智库软实力的体现。世界一流的企业智库往往具有一流的品牌影响力。通过咨政建言，发挥对政府的政策影响力；通过研究咨询，发挥对本企业的决策影响力；通过传播思想和创新观点，发挥对社会公众的舆论引导力；通过国际交流合作，发挥国际传播能力，为讲好中国故事、提高中国国家竞争力和影响力贡献力量。

5.2 中国特色新型世界一流企业智库的评价体系

5.2.1 构建思路与原则

贯彻落实党的二十大精神及相关决策部署，深刻把握中国特色新型世界一流企业智库的内涵与特征要求，坚持服务大局、突出智库功能定位，提高企业智库决策支撑水平，借鉴国内外高端智库评价指标体系设计方法，统筹考虑智库共性与企业特性、内部建设与外部输出、定量评价与定性分析等需要，主要基于重要性、权威性、适用性的原则，构建中国特色新型世界一流企业智库评价指标体系。具体的构建原则如下：

一是突出重要性。综合考虑我国企业智库建设基础、建设路径及预期目标等，突出指标的引领性和当前工作任务的耦合性，在全面考察反映世界一流企业智库特征的基础上，重点选择或提出能够表征企业智库某方面特征的关键指标，有侧重地设置评价世界一流企业智库的关键维度和关键指标。

二是突出权威性。指标设置要有权威性和可靠性，借鉴国内外高端智库评价指标体系相关指标，尽可能更多沿用具有较强普适性和公认度的通用指标，提高指标设置的客观性和权威性。

三是突出适用性。世界一流企业智库的评价指标设置要充分考虑我国国情和企业智库的发展情况，要充分考虑指标信息采集整理的难易程度，尽量做到指标可比、资料信息可取、评价结果可信。

5.2.2 评价指标体系

准确把握中国特色新型世界一流企业智库的内涵要求及关键特征，根据以上的评价指标构建思路与原则，重点从智库的内部治理、成果产出、决策支撑、品牌影响力等四个维度，研究设置中国特色新型世界一流企业智库的评价指标。具体而言：

（1）内部治理方面，设置治理水平、资源禀赋2个二级指标，其中，治理水平重点考察治理机构及组织章程的完备性、合规与风险管控等2个三级指标；资源禀赋重点考察专职研究人员规模、优秀专家人才数量、研究经费规模等3个三级指标。

（2）成果产出方面，设置项目成果、知识产权2个二级指标，其中，项目成果重点考察重大项目承担情况、重大获奖情况等2个三级指标，知识产权重点考察论文发表情况、专著出版情况、主流媒体文章发表情况等3个三级指标。

（3）决策支撑方面，设置服务政府、服务企业2个二级指标，其中，服务政府的决策支撑重点考察中央领导批示圈阅数量、政策制定支撑情况2个三级指标；服务企业的决策支撑重点考察内参报报送情况、企业主要领导批示圈阅情况 2 个三级指标。

（4）品牌影响力方面，设置智库排名、媒体报道、高水平交流合作等 3 个二级指标，其中智库排名重点考察国内外知名智库榜单排名情况 1 个三级指标；媒体报道重点考察专家接受权威媒体采访情况、机构被权威媒体报道情况 2 个三级指标；高水平交流合作重点考察与国内外知名组织联合举办研讨会、论坛情况，与国内外知名组织联合发布成果数量，以及在高端论坛发表演讲情况等 3 个三级指标。

由此，形成包含 4 个一级指标、9 个二级指标、20 个三级指标的中国特色新型世界一流企业智库评价指标体系，见表 5-1。

表 5-1　中国特色新型世界一流企业智库评价指标体系

序号	一级指标	二级指标	三级指标	指标释义
1	内部治理	治理水平	治理结构及组织章程的完备性	组织架构的完备程度，学术委员会、咨询/顾问委员会等设立情况，组织规章制度的完备程度
2			合规与风险管控	依法合规经营和风险管控水平，有无重大风险事件
3		资源禀赋	专职研究人员规模	开展相关业务研究的专职人员数量
4			优秀专家人才数量	有影响力的优秀专家人才数量
5			研究经费规模	年度全部科研项目的经费总额
6	成果产出	项目成果	重大项目承担情况	承担企业级重大项目，以及政府项目、国家社科基金、国家自然科学基金项目等的数量
7			重大获奖情况	获得省部级及以上成果奖励的数量
8		知识产权	论文发表情况	发表在中文核心期刊以及 SCI、EI、CPCI 检索的期刊论文数量
9			专著出版情况	年度报告及其他专著出版部数
10			主流媒体文章发表情况	国家级主流媒体和行业重要报纸文章
11	决策支撑	服务政府	中央领导批示圈阅数量	通过各种渠道上报政府的内参报获中央领导批示、圈阅或被全文采用数量
12			政策制定支撑情况	参与政府的政策研究制定情况
13		服务企业①	内参报报送情况	上报企业的内参报报送数量
14			企业主要领导批示圈阅数量	报送的内参报获得主要领导批示圈阅数量

续表

序号	一级指标	二级指标	三级指标	指标释义
15	品牌影响力	智库排名	国内外知名智库榜单排名情况	纳入美国宾夕法尼亚大学、上海社科院、中国社科院等权威智库榜单的情况
16		媒体报道	专家接受权威媒体采访情况	专家接受央视、国家级主流媒体和行业重要报刊采访次数
17			机构被权威媒体报道情况	机构被央视、国家级主流媒体和行业重要报刊报道（含转载）次数
18		高水平交流合作	与国内外知名组织联合举办研讨会、论坛情况	与国内外知名组织/机构签订合作协议，联合举办研讨会、论坛，在高端论坛发表演讲，以及联合发布成果的次数
19			与国内外知名组织联合发布成果数量	与国内外知名组织/机构联合发布成果的数量
20			在高端论坛发表演讲情况	在国内外高端论坛发表主旨演讲次数

① 指成立该企业智库的集团公司。

5.2.3 相关评价方法

1. 评价对象的选择

中国特色新型世界一流企业智库的对标评价，就是以标杆管理理论为依据，通过开展国际对标，发现并解决我国企业智库自身在建设与运营等方面存在的问题，不断学习追赶国际先进、最终成为世界一流的过程。智库对标对象选择得是否合适，关系到对标工作能否顺利开展，以及对标成效是否显著。智库国际对标对象的选择要坚持先进性原则和可比性原则。

所谓的先进性原则，就是依据国内外权威智库榜单对相关智库的排名，选择管理理念先进、发展水平领先、影响力突出的杰出智库。所谓的可比性原则，就是在先进性原则基础上，通过分析智库业务范围、发展规模、运行环境等维度的相似情况，以及样本数据的可获得性，进一步明确该智库是否适用于对标评价。在具体操作中，作为实施对标评价主体的企业智库选择对标对象时，可以根据以往开展对标实践的实际情况进行辅助判断，最终做出筛选决定。

2. 分析评价方法

参照中国特色新型世界一流企业智库评价指标体系（见表5-1），重点从内部治理、成果产出、决策支撑、品牌影响力等四个维度开展评价分析。在数据分析和评分阶段，可以采取功效系数法、差值法和因子分析法等相关方法。

（1）功效系数法。

首先，采用功效系数法对上述指标的原始数据统一重新处理。设定各项指标的评分区间为[80，100]。对于指标值越大越好的极大型指标（表5-1中均为此类指标），其功效系数值的计算公式如式（5-1）所示：

$$\mathrm{d}l_i = \begin{cases} 80 & X_i \leqslant X_{si} \\ \dfrac{X_i - X_{si}}{X_{hi} - X_{si}} \times 20 + 80 & X_{si} < X_i < X_{hi} \\ 100 & X_{hi} \leqslant X_i \end{cases} \quad (5\text{-}1)$$

式中　$\mathrm{d}l_i$——第 i 个极大型指标对应的功效系数值；

　　　X_i——第 i 个极大型指标的原始数值；

　　　X_{hi}——第 i 个极大型指标的区间上限；

　　　X_{si}——第 i 个极大型指标的区间下限。

下一步，利用专家打分法，设置各项指标的权重。然后，基于指标的评分结果和各维度下具体指标的权重设置，分别计算各维度的综合评分，如式（5-2）所示：

$$D_j = \sum_{i}^{m} d_i \omega_i \quad （5\text{-}2）$$

式中　D_j——第 j 个维度的综合评分；

　　　d_i——第 j 个维度下的具体指标功效系数值；

　　　ω_i——第 j 个维度下的具体指标对应的权重。

综合各维度的综合评分结果，计算得到智库的综合评分 D，如式（5-3）所示：

$$D = \sum_{j}^{m} D_j \qquad (5\text{-}3)$$

（2）差值法。

针对一组评价对象，为了开展良好的对标评价，参照表 5-1 的企业智库评价指标体系，可采用差值法进行对标评价。

首先，得到各项评价指标的原始数据。对于可量化的评价指标，通过直接采集或计算得到原始指标数据；对于定性的评价指标，深入对比分析评价对象的实践做法和相关发展现状水平，可通过专家打分法获得指标数值。

其次，计算综合评价指数。每项指标的分值采用差值法计算，可对在该项指标中表现最优的企业赋 100 分，表现最差的企业智库可以赋 40 分❶，其他企业智库按照与最优值和最差值的差距，按比例计算出在该项指标的分值。将评价企业智库的所有指标分值加权求和，可得该企业智库的综合评价指数。

（3）因子分析法。

因子分析法是要在具有一定相关性的若干指标中，重构少数几个有代表性意义、又不可直接测量到且相对独立的变量（因子），从而可用各指标的测定来间接确定各变量（因子）的状态。利用因子分析法可以对智库样本数据进行客观赋值，有利于克服人为因素干扰，通过考察分析各指标之间的相互关系，根据原始信息数据确定权数大小，使评价结果尽可能客观准确[117]。可使用 SPSS 软件的因子分析法对各项指标数据进行权重设定，进而计算各智库综合得分。

首先，依据表 5-1 所示的评价指标以及选定的对标评价对象，采集指标数据，将样本数据导入 SPSS 软件。

接下来，分析能否做因子分析，通过计算相关系数矩阵，或者通过 KMO 和 Bartlett 球度检验，来进行判断。

第三，选择因子的提取方法，SPSS 默认主成分分析法，提取特征根大于 1 的因子。

---

❶ 赋值高低只影响指数间的差距大小，不会改变指数的方向和排序。

第四，选择因子载荷矩阵的旋转方法，一般可采用方差极大法旋转。

最后，利用回归分析得到各因子（原指标的线性组合）得分系数，如式（5-4）所示：

$$F_i = b_{ij} X_{ij} \quad (5\text{-}4)$$

式中　b——回归系数。

以各因子的方差贡献率 W_i 为权重，进而可得到因子的综合得分，如式（5-5）所示：

$$F = W_i F_i \quad (5\text{-}5)$$

对于我国企业智库的评价，在相关数据适合因子分析的条件下，按照以上方法得到各因子得分，并将因子荷载作为因子权重，从而可以得到关于企业智库发展水平的综合评价得分。

3. 对标评价标准

通常而言，对标评价涉及智库的单项指标和整体水平的评价，因此，相应的对标评价可依据如下标准：

对于单项指标，在国际对标中，对标排名位列前三名，认为达到世界一流；在国内对标中，对标排名位列前三名，认为达到了国内一流。

对于整体水平，考虑到国情、行业、企业特性，实现世界一流智库目标，不宜要求所有单项智库指标均达到世界一流。参照相关对标评价标准，可设定达到世界一流智库的标准应为：评价指标的 80% 以上位列前三，即达到世界一流水平，其余指标至少达到国内一流水平。

6 促进中国特色新型世界一流企业智库发展的相关建议

6.1 对政府的建议

一是加强智库参与政策制定的机制建设，提高企业智库的参与度。中国企业智库研究领域涉及能源矿产、交通运输、信息通信、制造、互联网等众多产业，由于长期为本企业发展做研究决策支撑，对产业发展具有较强的敏感度和专业度，应成为政府机构与企业开展政策交流的重要途径。建议政府与企业智库建立更多的沟通渠道，架起政企沟通桥梁。邀请企业智库高级专家参加政策听证会，为政策制定提供参考。建立和优化与企业智库的专报报送机制，为企业智库提交研究建议提供渠道。利用好企业智库的专业化人才队伍，选派智库青年研究员、智库高级专家等不同层级人员参与政府工作，培养公共政策类人才。

二是加强智库参与政策制定的信息公示，激励企业智库参与决策过程。通过对智库评价的研究发现，国内外智库评价机构均将政策影响力作为评价智库水平的一个重要指标。中国企业智库大多具有支撑政府决策的功能定位，政府部门一般通过人员借用、课题研究、专报报送、专家访谈等方式与企业智库开展交流合作。但政府部门对合作过程缺少统计、披露和宣传，未能提供有效激励。建议政府部门在利用社会智库资源的同时，加强对人员借用、政策制定参与单位等信息的公示，促进企业智库影响力提升，从而激励企业智库参与决策制定。

6.2 对企业的建议

一是加强企业智库现代化治理，着力提升智库的决策支撑水平。围绕党的二十大和"十四五"时期中国特色新型智库建设要求，持续提升智库的现代化治理水平，推动智库发展与政治、经济、社会需求相统筹，集中力量聚焦关系各行业高质量发展的重大问题开展研究，持续提升研究的前瞻性、战略性和指引性。加快打造世界一流的企业智库人才队伍，以健全有效的激励体系，开放包容的研究氛围，激发智库人才的能动性和创造性。有效整合内外部研究资源，推动智库发展更加注重质量效益和长期价值，不断提高对政府等相关决策者的支撑价值。

二是加强对外交流合作，发挥好智库的桥梁作用，持续提升智库影响力。我国企业智库的建设要提高政治站位，始终围绕国家战略，聚焦行业发展的热点难点问题，推出高质量、有影响力的创新思想与研究成果。充分发挥好企业智库的桥梁作用，加强与政府、其他智库、企业、高校等利益相关者的沟通交流。以"走出去""引进来"相结合的方式，通过举办或参与高水平论坛、接受权威媒体采访、发表高端论坛主旨演讲、合作开展项目研究、举办研讨会、促进新媒体传播等多种方式，不断提升我国企业智库的交流合作水平，在学习国际领先智库经验的同时，讲好我国企业智库发展故事，传播我国产业发展成就，全方位提升企业智库的决策影响力、行业影响力和国际影响力。

三是利用好对标评价，瞄准国际领先智库，坚持学创结合。持续开展与世界一流企业智库的对标评价工作，全领域、全链条、全方位对标国际领先的企业智库，明确发展优势、查找差距弱项，紧盯短板不足、实施改进提升，不断增强企业智库的价值创造能力和可持续发展能力。加强组织协调和全过程管控，实现闭环管理，推动我国企业智库评价工作取得更大成效。鉴于我国企业智库的运作模式与国外智库存在较大差异，开展企业智库的对标管理，也不能一味模仿式地追赶标杆。建设世界一流企业智库是一个模仿与创新并举的循环往复过程。模仿是在短期内获得先进经验、谋取利益的最经济有效的手段，但若远离创新，从根本上无法提高智库的核心竞争力。因此，我国企业智库的建设与发展既要持续开展与世界一流的对标评价，学习模仿先进，也要坚持学创结合，结合自身发展阶段、发展环境和业务特点等，对先进经验进行有机加工改造、落地转化和再创新应用，从而真正推动自身的高质量发展，加快迈向世界一流企业智库行列。

参　考　文　献

[1] 余莉. 中国特色新型智库发展策略研究[D]. 安徽大学，2016.

[2] 王延培. 中国特色新型社会智库信息保障体系建设的研究[D]. 长春师范大学，2021.

[3] 吴宗哲. 中国特色新型智库建设问题研究[D]. 大连理工大学，2015.

[4] 李建设. 精英主义评析[J]. 国外理论动态，2008，（07）.

[5] 熊立勇. 国际比较视域下中国特色新型智库建设问题研究[D]. 中国科学技术大学，2017.

[6] 人民论坛网. 罗天昊：中国智库的未来在哪儿？[EB/OL]. [2014-10-24].http：//theory.people.com.cn/n/2014/1024/c40531-25901336-3.html.

[7] 李文钊. 政策过程：中国实践与理论阐释[EB/OL]. [2019-10-27]. https://www.sohu.com/a/349982447_697757.

[8] 蒋观丽，文少保. 世界一流智库研究成果满足政府教育决策需求的过程机制及启示——以美国布鲁金斯学会布朗教育政策中心为例[EB/OL]. [2021-11-12].http://www.hbxxzkpt.com/zw/article/5800.

[9] 王海峰. 大数据智库：中国特色新型智库建设途径研究[D]. 华东政法大学，2016.

[10] 安德鲁·里奇. 智库、公共政策和专家治策的政治学[M]. 潘羽辉，等译. 上海：上海社会科学院出版社，2010.

[11] Paul Dickson. Think Tanks [M]. New York: Atheneum，1971.

[12] 王安丽. 智库是沟通知识与政策的桥梁——访美国宾夕法尼亚大学智库和公民社会研究项目主任詹姆斯·麦甘[J]. 中国发展观察，2013，（05）.

[13] Donald E. Abelson. Do Think Tanks Matter?: Assessing the Impact of Public Policy Institutes [M]. Mc Gill-Queens University Press，1st ed.，2002，29-37.

[14] 詹姆斯·麦甘. 第五阶层：智库·公共政策·治理[M]. 李海东，译. 北京：中国青年出版社，2018.

[15] 乐烁. 兰德公司发展经验与对我国智库建设的启示[D]. 湖北大学，2013.

[16] 唐纳德·E.埃布尔森. 智库能发挥作用吗？公共政策研究机构影响力之评估[M]. 3版. 黄昊，邵夏怡，等译. 上海：上海社会科学院出版社，2020.

[17] 美英日智库对我国智库建设的启示[EB/OL]. [2020-10-29]. https://www.fx361.com/page/2020/1029/7154449.shtml.

[18] Stone D．Capturing the political imagination：Think tanks and the policy process [M]．Frank Cass，1996．

[19] 唐纳德·E.埃布尔森．智库能发挥作用吗？[M]．扈喜林，译．上海：上海社会科学院出版社，2010：62-71．

[20] Alloisio I，Bertolin S，Farnia L，et al．The 2012 ICCG climate think tank ranking. A methodological report [R]．2013．

[21] Clark J，Roodman D. Measuring think tank performance：An index of public profile[R]．C G D policy paper25，2013．

[22] 詹姆斯·G·麦甘．美国智库与政策建议 [M]．肖宏宇，李楠，译．北京：北京大学出版社，2018．

[23] McNutt K，Marchildon G．Think tanks and the web：Measuring visibility and influence [J]．Canadian Public Policy，2009，35（2）：219-236．

[24] 薛澜，朱旭峰."中国思想库"：涵义、分类与研究展望 [J]．科学学研究，2006（3）：321-327．

[25] 朱旭峰，韩万渠．中国智库建设：基于国际比较的三个维度 [J]．开放导报，2014，（04）．

[26] 薛澜．智库热的冷思考：破解中国特色智库发展之道[J]．中国行政管理，2014，（05）：6-10．

[27] 柏必成．智库功能定位与智库研究课题的选择 [J]．智库理论与实践，2019，4（04）：1-9．

[28] 陈广猛．中国对美国思想库的研究 [J]．世界经济与政治论坛，2009，（01）：61-70．

[29] 朱锋，王丹若．领导者的外脑：当代西方思想库 [M]．杭州：浙江人民出版社，1990．

[30] 北京太平洋国际战略研究所课题组．领袖的外脑：世界著名思想库 [M]．北京：中国社会科学出版社，2000．

[31] 李建军，崔树义．世界各国智库研究 [M]．北京：人民出版社，2010．

[32] 闫志凯，王延飞．智库运转机制比较分析 [J]．情报理论与实践，2015，38（05）．

[33] 王振霞．智库思想市场的功能、规制和管理创新 [J]．中国社会科学院研究生院学报，2015，（05）：71-75．

[34] 张大卫，元利兴，等．国际著名智库机制比较研究 [M]．北京：中国经济出版社，2017．

[35] 聂峰英，孙明杰，张海燕，等．国际比较视域下科技智库多主体运营模式研究 [J]．情报理论与实践，2020，43（10）．

[36] 孟芷薇，陈媛媛．中美智库网站比较研究 [J]．情报杂志，2021，40（01）．

[37] 朱旭峰，苏钰．西方思想库对公共政策的影响力——基于社会结构的影响力分析框架构建［J］．世界经济与政治，2004，(12)．

[38] 王莉丽．论美国思想库的舆论传播［J］．现代传播（中国传媒大学学报），2010，(02)．

[39] 胡鞍钢．建设中国特色新型智库［J］．清华大学教育研究，2013，34（05）：1-4．

[40] 朱旭峰．中国思想库：政策过程中的影响力研究［M］．北京：清华大学出版社，2009．

[41] 王莉丽．旋转门：美国思想库研究［M］．北京：国家行政学院出版社，2010．

[42] 孙志茹，张志强．基于信息流的思想库政策影响力分析框架研究［J］．图书情报工作，2011，55（20）：102-105．

[43] 孙志茹，张志强．思想库影响力测度方法综述［J］．图书情报工作，2010，54（12）：78-81．

[44] 陈升，孟漫．智库影响力及其影响机理研究——基于39个中国智库样本的实证研究［J］．科学学研究，2015，33（9）：1305-1312．

[45] 上海社会科学院智库研究中心．2017年中国智库报告：影响力排名与政策建议［EB/OL］．[2018-03-16]．https://ctts.sass.org.cn/_s33/2020/0701/c1987a84690/page.psp．

[46] 清华大学智库大数据报告（2019）——今日头条版［EB/OL］．[2023-01-07]．https://www.sppm.tsinghua.edu.cn/__local/E/79/E2/62EB47F0D2E80F7A88C29EB73C4_6CC80F71_1A8E80.pdf?e=.pdf．

[47] 徐之先，徐淡．日本的脑库［M］．北京：时事出版社，1982．

[48] 黄誌．大国智库·智者的江湖［M］．郑州：中州古籍出版社，2016．

[49] 王佩亨，李国强，等．海外智库：世界主要国家智库考察报告［M］．北京：中国财政经济出版社，2014．

[50] 柯银斌，马岩．企业智库的战略定位［J］．智库理论与实践，2017，2（02）．

[51] 李刚，王传奇．企业智库：范畴、职能与发展策略［J］．智库理论与实践，2018，3（05）．

[52] 郭莉，王乐，沈高锋．企业智库战略定位研究——从内部视角转向外部视角［J］．智库理论与实践，2020，5（01）．

[53] 郑海峰，柴莹．企业智库在中国特色新型智库体系中的定位及发展研究［J］．智库理论与实践，2017，2（04）．

[54] 丁炫凯，徐致远．我国互联网企业智库成果量化分析：以百度、阿里巴巴、腾讯（BAT）为例［J］．图书馆论坛，2016（5）：17-24．

[55] 徐东．推进大型国企智库建设探讨［J］．国际石油经济，2016，24（01）：71-75．

[56] 牛溪，李君臣．我国企业智库发展现状、特点及趋势［J］．智库理论与实践，2018，3（03）．

[57] 共产党员网. 习近平主持召开中央全面深化改革领导小组第十八次会议［EB/OL］. ［2015-11-09］. https://news.12371.cn/2015/11/09/ARTI1447054113069125.shtml.

[58] 贾宇，张胜，王斯敏，等. 国家高端智库建设试点工作一周年回顾与研究［EB/OL］. ［2016-12-01］. http://theory.people.com.cn/n1/2016/1201/c40531-28917210.html.

[59] 习近平. 在哲学社会科学工作座谈会上的讲话［EB/OL］. ［2016-05-18］. http://www.xinhuanet.com/politics/2016-05/18/c_1118891128.htm.

[60] 南京大学中国智库研究与评价中心，光明日报智库研究与发布中心联合课题组. "数"说成长 为中国智库画张像［EB/OL］. ［2020-12-28］. https://baijiahao.baidu.com/s?id=1687269144198612540&［60］wfr=spider&for=pc.

[61] 李刚，王斯敏. CTTI 来源智库 MRPA 测评报告 2015—2016［EB/OL］. ［2018-05-04］. https://cttrec.nju.edu.cn/DFS/file/2019/09/12/201909121053006671ib5ha.pdf.

[62] 全球化智库.《全球智库报告 2020》发布, 中国多家智库入选全球顶级智库分类排名［EB/OL］. ［2021-02-01］. http://www.china.com.cn/opinion/think/2021-02-01/content_77175930.htm.

[63] McGann，James G. 2007 年全球智库报告［EB/OL］. ［2019-04-09］. https://www.doc88.com/p-7582511182025.html.

[64] 谈洁. 我国智库至少已达 3000 家［EB/OL］. ［2020-12-20］. https://m.gmw.cn/baijia/2020-12/20/1301958890.html.

[65] 陈月新. 新时期企业领导应具备的素质［J］. 新疆有色金属，1990，（02）：77-79.

[66] 黄培俭. 政策咨询也应是企业审计部门的职能［J］. 上海会计，1992，（03）：36.

[67] 李霞，刘小力，柳政. 谈大中型企业政策研究机构的设立［J］. 技术经济，1998，（01）：34-35.

[68] 李树明，张国胜. 建立企业参与党和国家决策体制的必要性及途径［J］. 科学社会主义，1993，（02）：46-49.

[69] 上海社会科学院智库研究中心. 2013 年中国智库报告——影响力排名与政策建议［J］. 中国科技信息，2014，（12）：22-24.

[70] 王晨. 新常态下展望中国国有企业智库发展［J］. 商业经济，2015，（04）：6-7.

[71] 桑怡. 助力"国家治理现代化" 上海社科院在线发布《2019 年中国智库报告》［EB/OL］. ［2020-05-17］. http://www.dzwww.com/xinwen/jishixinwen/202005/t20200517_19661246.htm.

[72] 尉鹏阳，范宇峰，王苏礼. 中国企业智库浅析：概念、特征和发展现状［J］. 智库理论与实践，2017，2（2）.

[73] RAND. 2021 RAND Annual Report［EB/OL］. ［2022-12-30］. https://www.rand.org/about/

annual_report.html.

[74] McGann, James G. 2020 Global Go To Think Tank Index Report [EB/OL]. https://repository.upenn.edu/think_tanks/18.

[75] RAND. RAND Survey Research Group [EB/OL]. [2023-01-09]. https://www.rand.org/srg.html.

[76] RAND. Statisticians at RAND [EB/OL]. [2023-01-15]. https://www.rand.org/statistics.html.

[77] 张志强, 苏娜. 国际智库发展趋势特点与我国新型智库建设 [J]. 智库理论与实践, 2016, 1（01）: 9-23.

[78] 孙桂琼. 兰德公司运行机制及对我国新型智库建设的启示 [J]. 滁州职业技术学院学报, 2015, 14（02）: 42-44.

[79] 夏婷. 兰德公司运行机制研究及对我国科技智库建设的启示 [J]. 今日科苑, 2021, （02）: 16-23.

[80] OIES. OIES Annual Report 2021 [EB/OL]. [2022-12-1]. https://www.oxfordenergy.org/about/annual-report/.

[81] OIES. Publications of OIES [EB/OL]. [2023-1-4]. https://www.oxfordenergy.org/.

[82] RFF. About us. [EB/OL]. [2022-11-30]. https://www.rff.org/about/.

[83] RFF. Data and Decision Tools of RFF. [EB/OL]. [2022-12-12]. https://www.rff.org/topics/data-and-decision-tools/.

[84] NRI. 公司信息：沿革 [EB/OL]. [2023-2-1]. https://www.nri.com/cn/company/history.

[85] 朱相丽, 谭宗颖. 日本野村综合研究所咨询工作模式研究及启示 [J]. 全球科技经济瞭望, 2016, 31（08）: 49-55.

[86] 朱猛. 日本智库的运作机制 [D]. 外交学院, 2015.

[87] NRI. 提升质量与风险管理 [EB/OL]. [2023-01-18]. https://www.nri.com/cn/company/quality.

[88] 三星全球研究院 [EB/OL]. [2023-01-10]. http://www.serichina.org.

[89] 高道龙. 三星经济研究院 智库时代排头兵 [J]. 商界（评论）, 2013（10）: 60.

[90] 德意志银行研究所. 我们的使命 [EB/OL]. [2022-11-20]. https://www.dbresearch.com/PROD/RPS_EN-PROD/Our_mission/RPS_MISSION.alias.

[91] 中国现代国际关系研究院. 介绍 [EB/OL]. [2022-11-21]. http://www.cicir.ac.cn/NEW/aboutus.html.

[92] 国务院发展研究中心. 中心工作范围 [EB/OL]. [2022-11-16]. https://www.drc.gov.cn/gyzx/zxzn.aspx.

[93] 范思立. 国研中心建设国际一流高端智库取得明显成效——访国务院发展研究中心副

主任张军扩［N］. 中国经济时报，2019-02-18（第 001 版）.

［94］ 任泽平. 国务院发展研究中心是个神奇的地方［EB/OL］.［2020-11-26］. 新浪财经，http://finance.sina.cn/zl/2020-11-26/zl-iiznezxs3770152.d.html.

［95］ 中国国际问题研究院. 国研院介绍［EB/OL］.［2022-12-06］. https://www.ciis.org.cn/gyygk/gyyjj/gyyjs/.

［96］ 闫勇. 专访中国国际问题研究院院长徐步——当好外交政策孵化器 理论研究排头兵［EB/OL］.［2022-02-21］. 中国社会科学网，https://www.cssn.cn/zkzg/zkzg_zkxl/202207/t20220728_5425072.shtml.

［97］ 全球化智库. 概况［EB/OL］.［2022-11-21］. http://www.ccg.org.cn/overview.

［98］ 全球化智库（CCG）2021 年报［EB/OL］. http://www.ccg.org.cn/annals.

［99］ 中国石油集团经济技术研究院［EB/OL］.［2022-12-06］. http://etri.cnpc.com.cn/etri/2021/home.shtml.

［100］ 唐果媛. 立足特色优势打造开放平台建设中国特色世界一流新型企业智库——专访中国石油集团经济技术研究院余国院长[J]. 智库理论与实践，2022，7（05）：154-158.

［101］ 念好"四字诀" 科研人才队伍建设驶入"快车道"[J]. 石油组织人事，2021（07）：32-35.

［102］ 阿里研究院［EB/OL］.［2022-12-03］. http://www.aliresearch.com/ch/index/researchInstituteHomepage.

［103］ 阿里研究院. 中国县域乡村指数［EB/OL］.［2022-11-15］. http://www.aliresearch.com/indices/idrcc.

［104］ 施蕾蕾，孙蔚. 中国特色平台型智库的形成与发展路径探析［J］. 智库理论与实践，2022，7（03）：53-59.

［105］ Think Tanks and Civil Societies Program［EB/OL］.［2022-12-09］. https://repository.upenn.edu/think_tanks/.

［106］ McGann J G. 2008 Global Go To Think Tanks Index Report[R]. Philadelphia：University of Pennsylvania，2009.

［107］ 唐涛，杨亚琴，李凌. 中国特色新型智库高质量发展实践——中国智库报告（2018—2020）[M]. 上海：上海社会科学院出版社，2022.

［108］ 荆林波，吴敏，姜庆国，等. 全球智库评价报告（2015）[M]. 北京：中国社会科学出版社，2016.

［109］ 荆林波. 全球智库评价研究报告 2019[M]. 北京：中国社会科学出版社，2020.

［110］ 南京大学中国智库研究与评价中心. 中国智库索引［EB/OL］.［2022-12-15］. https://ctti.nju.edu.cn.

［111］ 南京大学中国智库研究与评价中心，光明日报智库研究与发布中心．2020 CTTI 来源智库增补启事［EB/OL］．［2020-10-10］．https://ctti.nju.edu.cn/newsDetail.do?id=46.
［112］ 清华大学公共管理学院．智库研究中心［EB/OL］．［2022-10-10］．https://www.sppm.tsinghua.edu.cn/yjjg/yjyjzx/zkyjzx.htm.
［113］ 浙江大学信息资源分析与应用研究中心．全球智库影响力评价报告 2021［EB/OL］．［2023-02-10］．https://ciraa.zju.edu.cn/report/report20220629.pdf.
［114］ 浙江大学信息资源分析与应用研究中心．全球智库影响力评价报告 2018［EB/OL］．［2022-05-23］．https://ciraa.zju.edu.cn/report/report08.pdf.
［115］ 浙江大学信息资源分析与应用研究中心．全球智库影响力评价报告 2019［EB/OL］．［2022-06-24］．https://ciraa.zju.edu.cn/report/report20200422.pdf.
［116］ 王乐，沈高锋，张敏．新型企业智库概念、属性与转型路径研究［J］．决策与信息，2020，（01）.
［117］ 陈媛媛，李刚，丁炫凯．智库网络影响力评价体系建构与实证［R］．光明日报，2016-07-13（16 版）.